花森安治の青春

馬場マコト

潮文庫

花森安治の青春——目次

装丁・題字＝奥村靫正（ＴＳＴＪ）
表紙イラスト（自画像）＝花森安治

一　花森安治の机

中野駅北口から新宿に向かって線路沿いに作られた細い道がある。線路との境界には高いコンクリートの壁が打たれ、そこにはいろいろな絵がペンキで描かれている。近所の小学校の生徒の野外学習の絵なのだろうか、お世辞にもうまい絵とはいえない。

ひっきりなしに行き交う、上り下り電車の音を聞きながら、その線路沿いの道を十分も歩くと、やがて正面の壁面がガラスブロックで積まれた五階建てのビルが出てくる。

その机はこのビルの地下倉庫に眠っている。

地下へのエレベーターがないので、薄暗い階段を下りて、地下のドアを開ける。

ダンボール箱が乱雑に積まれ、黄色いコンテナボックスには縄やら大工道具が重なり合っている。たくさんの書棚には何号取材資料、何号自筆原稿と書かれた資料が、箱に納められて並んでいる。

これだけの物量をエレベーターなしの空間に出し入れするのはなかなか大変かもしれない。

雑然とした倉庫の一番奥にその机は置かれていた。

横一メートル三十七・五センチ、縦一メートル十二センチ。

がっしりした、大きな机だ。

この机を狭い階段からどうやって運びこんだのだろう。

やがて天板と脚は取り外し式になっており、これだけの大きさの机でも、なんとか階段を運びおろせることに気づく。

なかなか機能的な机だ。

大きな机の天板に脚を差しこむために、二センチ厚ほどのベニヤ板の周りと内側に木枠が打ちつけられている。

脚は折りたたみ式になっていて、大きく重い天板の圧力に耐えるよう、八か所にそれぞれ三角の筋交《すじか》いが打ちこまれている。

交差された脚の支柱は固定度を強めるために、裏から補強材をあてると同時に、開閉式の蝶番《ちょうつがい》で止めるようになっている。

なんの愛想もない無骨で機能に徹しきった手作りの机だ。

それがただものではないとやがてわかるのは、ベニヤ板に打ちつけられたその木枠の仕上げだ。

天板側から釘を打つわけだから、本来は机の表面に釘の頭が残ることになる。それが隠し釘になっていて、見事に天板表面からは釘の存在を忘れさせている。

花森安治の机＝著者撮影

手作りにしては、素人が作った机とはとても思えない凝った作りだ。

だれが作った机なのだろう。

天板は濃紺のペンキで塗られている。

よく見るとかなり使いこんだ跡がある。

机の上には、紙を断ち切った跡なのだろう、深い傷があちこちに四、五本入っている。

細かい小さな傷跡は限りない。

緑、赤、白、黄色と絵の具の固まりがランダムにこびりついている。

熱いマグカップでも置いたのだろう。丸い大きな白い輪が四つほど浮き出ている。

左端の十センチ四方くらいは無造作に黄色に塗られている。

机に向かって肘が置かれたであろう、机の手前の角はすっかり丸くなり、ペンキが剝げ落ち木地がむき出しになっている。

手前と真ん中あたりの右端の表面はすっかり剝がれている。

剝がれたベニヤ板の凸凹をなくすためなのだろう、きれいにサンドペーパーがかけられ、濃紺のペンキで塗り直した跡が残っている。

よほど愛着をもって、長い年月、使いこんできたことがわかる机だ。


机の持ち主の名前を花森安治《はなもりやすじ》という。


安治は「暮しの手帖」を編集するにあたって、三つの机を使い分けた。

編集員と企画や打ち合わせをする会議用の大きな机。

原稿を書き、事務雑用をこなす事務机。

そして、表紙の絵や重要なメッセージの原稿を書く時は、たった独り編集長室にこもって、この机の前に座った。

この机から「日本紀行」「ある日本人の暮し」など、日本と日本人のもつ本来の良さを探るシリーズが書き継がれた。

そしてこの机から「どぶねずみ色の若者たち」「この大きな公害」「戦場」「武器を捨てよう」「国をまもるということ」「見よぼくら一戔五厘の旗」「未来は灰色だから」「二十八年の日日を痛恨する歌」「電子レンジ―この奇妙にして愚劣なる商品」「国鉄・この最大の暴走族」「ぼくは、もう、投票しない」「かくも早き流れのなかに」など反権力、反戦のメッセージが「暮しの手帖」読者九十万人に向けて次々に発信された。

その絵筆の華麗さと、そのペンの強さ。それはどこで鍛えられたのか。

ぼくらの暮しと　企業の利益とが　ぶつかったら　企業を倒す　ということだ
ぼくらの暮しと　政府の考え方が　ぶつかったら　政府を倒す　ということだ

そう言い切る揺るがない姿勢は、どこからきたものなのか。

安治が長年にわたって使い、こだわり続けた机にこそ、秘密があるのかもしれない。

二　西洋館と千鳥城

船が入ってきたのだろう。開いた窓から、汽笛の音が聞こえてきた。

市立図書館は神戸山の手、大倉山の小高い丘にあった。閲覧室からは港がよく見えた。高くなった太陽の陽を受けて港全体が輝《ひか》っている。そのきらめきを切り裂くようにして、大きな客船が港の桟橋に向かって、ゆっくり進んでいた。

そうか、このわかりにくい文章は、船のことをいっているのかと、ようやく気づいた。

「物体の全て、または一部が液体に浸かっている時、その物体が置き換えた体積と同じだけの液体がもつ質量と同じだけの力が、方向を逆にして、物体を押し上げる」

なんともわかりにくい文章で、さっきから、物理の教科書のアルキメデスの浮力の原理がよくのみこめなかったのだ。船の浮力のことをいっていると考えればすぐわかる。これは訳が悪い。ようやく合点がいき、花森安治は頭の中にアルキメデスの浮力の原理をたたきこんだ。

「物体の全て、または一部が液体に浸かっている時」

「同じだけの力が、方向を逆にして、物体を押し上げる」

今度はすんなり原理を覚えこむことができた。内容がわからず、言葉だけを覚えようとすると頭が拒否してしまう。でも、その意味することがわかれば、物理なんてすぐ覚えられる。

「液体がもつ質量と同じだけの力が、方向を逆にして、物体を押し上げる」

すっかりアルキメデスの原理を覚えたことに安心して、二階にある閲覧室の席を立ちあがった。朝から読んでいた物理の教科書に飽きていた。

一階に降り、安治はぱらぱらと図書目録をなんの目的もなしにくった。

「らいてう著『円窓《まるまど》より』」

なんだろうと、手が止まった。

らいてうとは奇妙だ。おそらく名前だろう。なぜ苗字がないのだろう。なんだかそのところが引っかかった。借りてみるか。『円窓より』を抱えて二階の閲覧室に上がった。

活字で「らいてう、円窓より」と記しただけの、なんの飾り気もない灰色の表紙だった。読むのをやめて返そうかと思うくらい地味な本だ。本を手にして立ちあがりかけた時に、おやっと気づいた。本の小口のところに金箔がひかれていた。背表紙と表紙は地味な灰色なのに、本の小口の三方が金で光っている。なにか強いものが隠されているような感じがして安治は座り直した。本の装丁というのはこうじゃないといけない。「私を読んでください」と本のほうから語りかけてくる。それが装丁だ。

装丁者の尾竹紅吉《おたけべによし》が何者かは知らないが、やられたな。なにかがこの本には潜んでいる。安治は『円窓より』を開いた。

私は一切の旧きものの敵である。
けれどそれは必ずしも不善なるが故ではない。
旧きものには生命がないからだ。
実に旧きものはすでに、すでに「死」の所有に帰したものだからだ。

私は一切の新しきものの味方である。
否、新しきものそれ自身でありたい。
何故なら、新しきものの中には常に必ず生命の核が宿っているから。

なんだかとても肩に力が入っている文章に圧倒された。安治は目次を目で追った。「元始女性は太陽であった」と「新しい女」という題が気になった。「元始」から読み出した。「青鞜《せいとう》発刊に際して明治四四年九月」と副題にあった。そうか、らいてうというのは、平塚らいてうのことだなと気づいた。詳しくは知らないが、平塚らいてうが日本で初めての女性運動誌「青鞜」を編集し、出版したことくらいは知識にあった。

元始、女性は実に太陽であった。真正の人であった。

今、女性は月である。他に依って生き、他の光によって輝く、病人のような蒼白い顔の月である。

偖《さ》てここに「青鞜」は初声を上げた。

途中の随筆は飛ばし最後の「新しい女」を読んだ。

自分は新しい女である。

少くとも真に新しい女でありたいと日々に願い、日々に努めている。

真に、しかも永遠に新しいのは太陽である。

自分は太陽である。

少くとも太陽でありたいと日々に願い、日々に努めている。


二つの文章を読み終わった時、正直、勝手の違ったものを読んでしまったと思った。なんだか道に迷いこんだ気分だ。気持ちをどう片づけていいか、わからなかった。

それよりも「青鞜」が初めて発刊されたのは、一九一一年の九月で、安治が生まれた年だとは知らなかった。明治の終わりに「青鞜」を舞台に誕生した女性運動は、その後大正という時代に花開いたわけだ。大正デモクラシーといわれるのは、女性解放の歴史でもあったのかと、ようやく気づいた。その歴史は自分と同じ歳の、まだ十八年しかたっていない。平塚らいてうを急に身近なものに感じた。

「青鞜」が誕生した二か月後の一九一一（明治四十四）年十月二十五日、父、花森恒《つね》三郎《さぶろう》、母、よしのとの間に、六人兄弟の長男として、花森安治は神戸に生まれた。

一八六七年に兵庫港が開港した後、明治初年にできた町が神戸だった。だから古くからの人がいるわけではない。姫路や加古川、岡山や広島、四国の人々が集まってきていた。祖父は丹波からやってきて、貿易商として短い間に財をなした。そんな祖父と違い、父恒三郎は「神戸のぼん」の体質が染みついたのだろう、なかなかのハイカラ気質だったが、気まぐれで遊び人だった。周りの子供がみんな和服の時代に洋服を着て育てられた。恒三郎には財産を食いつぶして生きるところがあった。競馬に興じ、相場や株に手を出した。景気のいい時はいいが、悪い時はからっきし駄目。連帯保証人になって財産を失い、隣家の失火による類焼で、長屋暮しとさんざんだった。それでも恒三郎はのほほんとしたもので、安治やすぐ下の妹を宝塚歌劇に連れ出した。

そのしわ寄せは全部母よしのにかかってきた。小学校の教師をしているところを祖父にみこまれて嫁にきたという。以来、苦労のしっぱなしで、薬局をやってみたり、荒物屋をやりながら、和裁の内職を夜遅くまでしていつも働きづめだった。恒三郎は景気が悪くなると、よしの働いた金を平然と拝借して遊びに行ってしまう。景気がよければよいで、何日も帰ってこない。たまに帰るとおい宝塚に行こう、カツドウに行こうと安治を連れ出した。

初めて観た映画がなんだったかその題も内容も覚えていないが、「名花パール・ホワイト嬢の運命やいかに」という弁士の語りがおもしろく、それだけはよく覚えている。図書館の「キネマ旬報」で調べると、一九一九（大正八）年のジョージ・サイツ監督の「電光石火の侵入者」あたりだろうか。となると自分は八歳で初めて映画を観たことになる。

女賊のパール・ホワイトが探検家の息子のヘンリー・セルを助けて、ワーナー・オーランド演じる中国人の大悪党と火花を散らすという大活劇だ。恒三郎がこのパール・ホワイトが好きで、その後も弁士の「名花パール・ホワイト嬢の運命やいかに」を何度も聞いたから、「ホワイト・モール」「氷原の花」「暗黒の秘密」「山の娘」「ヴァージン・パラダイス」と次々に観たのだろう。子供だからパール・ホワイト嬢の運命よりも、恒三郎が買ってくれる南京豆が楽しみだった。新聞紙で作った三角袋に入った豆をぽりぽり食べた。恒三郎は映画館を出ると決まって「どうもカツドウは空気が悪くていかん」と言った。子供ながらに変な親だと思った。映画の記憶がはっきりしているのは、チャールズ・チャップリン監督が六歳のジャッキー・クーガンと組んだ「キッド」だから、十歳の時になる。どうして覚えているかといえば、恒三郎は映画館を出るなり、今観てきたチャップリンの真似を、新開地の人ごみの真ん中でやったからだ。困った親だなと思った。

新開地は東京の浅草のような町だった。休みになると神戸の町中の若い衆がハンチングとお仕着せの一張羅を着込んで、にきびのぽつぽつ出た顔に美顔水など塗りこんでくり出してくる。その大混雑する町の真ん中で、恒三郎がチャップリンの真似をしたのだ。新開地という町の名を聞くと、父のチャップリンの真似と、ハート型にこんがりやけたコロッケと聚楽館の裏にあったメリーゴーランドから聞こえてくる「真白き富士の嶺」や「天国と地獄」の、ジンタのクラリネットの音を思い出すのだ。

雲中尋常小学校に転校したのは三年生の時だから、「名花パール・ホワイト嬢の運命やいかに」を初めて聞いたのは転校前のころなのだろうか。

安治が通った雲中小学校は、新幹線新神戸駅から生田川に沿って海の方に向かい、布引の信号を左折ししばらく歩くと、今でも同じ場所にある。校庭の周囲をぐるりと赤いレンガと土塀で囲った古い伝統を感じさせる小学校だ。校門の門扉には、創立以来百三十七年使われている、桜の花びらの中に雲中という文字が浮き出た校章が彫られている。

春になるとその校章を囲むように、校門の桜が咲き誇るのは、当時も今も変わらない。

転校先に田宮虎彦《たみやとらひこ》と強そうな名前の子がいた。しかし田宮は名前に似合わず、どこか上品で神経質そうな顔をした男だった。少年をなぜ覚えているかというと、小学校四年生の時の作文のためだ。田宮の父親は土佐の出身だった。だから家族は夏休みになると墓のある土佐に行く。これがいかにも港町で、夜、神戸港を発って室戸岬を回り、朝、土佐に着く。この時、甲板に立って見た神戸の明かりの美しさを田宮は作文に書いた。

「桟橋の灯のかたまりが少しずつ遠ざかり、海岸通りの街並みの光が、港に写りこんでいる。やがて夜の闇の奥に、市章字山や測候所山の中腹につらなる町の灯がきらきらしだしてくる。神戸の町の家々の窓すべてが輝いて、それはダイヤモンドのようだった」

小学5年生の花森安治（左）
写真提供＝土井藍生氏

安治も父に連れられて夏の夜、神戸の港を回る遊覧船に乗せてもらったことがある。田宮の言うとおり家々が灯す光は美しかった。みんながそこに暮している証のような柔らかい光だった。それは確かにダイヤモンドのようだった。神経質そうな顔をしているだけあって、田宮は作文がうまい。安治が感心していると、読み終わった女の先生が言った。

「こんなだれか他の人の書いた文章を写して

きたって、先生はだまされません」

　その時の田宮のしゅんとした顔ったらなかった。確かに先生の言うとおり、自分も田宮も本物のダイヤモンドの輝きは知らない。しかし、神戸の夜の明かりの美しさは、ダイヤモンドの美しさとはこんなものかと思わせるくらい、美しいのだ。田宮が正しい。安治は女の先生を独り睨みつけた。そしてこの繊細な少年と仲よくなった。

　田宮が中学は神戸一中にするという。なるほど田宮なら、ちょっとハイカラで、澄ました感じの一中がお似合いかもしれない。しかし一中は帽子から靴までカーキ色で、おまけにゲートルまで巻いて通学するのだ。それはちょっと嫌だなと、その二年前に開校したばかりの神戸三中にした。「紳士たらんとするものを養成する」と標榜していたとおり、ゲートルを巻くのは教練の時だけだったし、冬のオーバーも許された。

　合格発表の日に「もし落ちていたら写真機を買ってやろう」と恒三郎は言い出した。「じゃ受かっていたら」と聞くと「バカ」と言ってにやっと笑った。本当にわからない親だ。合格を知らせると「学校じゃカツドウ観ちゃいかんのだろう。月一回にしろ、それ以上はいかん」と言って五十銭をくれた。ますますわからなくなった。

　学校は長田神社の門前仲町を左にそれ、新湊川を渡って、神撫山へ向かうふもとの高台にあり、長田神社の屋根瓦の先に続く神戸の町が見下ろせた。

今も同じ場所に、兵庫県立長田高校としてある。阪神・淡路大震災で大きな被害を被った長田地区にあって、長田高校も例外ではなかった。新校舎建築中に大震災が襲った。古い南校舎は全壊した。新しい堅牢な第一校舎、第二校舎が、今は高取山と名前を変えた神撫山を背景に、そびえ建つ。広大な校内で安治が通った当時を思い起こさせるのは、震災にも耐え残った当時の図書館だけだ。約九十年の歴史の中で安治たち学生を迎え入れた図書館は、今は国の有形文化財に登録され、神撫会館の名前で残されている。その入り口の滑《なめ》ガラスには、穏やかな神戸の町が写りこむ。

安治は図書館のその扉を開いて、一目散に神戸の町へ駆け下りた。目的はもちろん映画だった。

学校は映画を禁じていたが、だからといって私服に着替えて観に行くのはどうも卑怯という感じだ。中学の映画好きが集まって、学生服のまま、かばんを斜めに掛けて堂々と隊を組んで新開地の松竹座に出かけた。映画堂々隊と名乗った。隊長はもちろん安治だった。恒三郎と交わした約束は最初の一年くらいしか守られなかった。どうも月一回の映画では身体がむずむずしてしまう。ある日松竹座へいつものように隊列を組んで出かけた。切符を買おうとすると、父親の恒三郎が前に並んでいた。忘れものをしたとか言って、友だちがぽかんとするのもかまわず、ほうほうのていで逃げ出した。そんなことで中学の五年間は映画三昧だった。

「巴里」「シー・ホーク」「嘆きのピエロ」「ダンテ地獄篇」「戦火」「ベン・ハー」「二都物語」「メリー・ウイドー」「白牙」「ポンペイ最後の日」「生けるパスカル」「オペラの怪人」「駅馬車」と硬軟取り混ぜて映画となればなんでも観た。

となると、観ているだけではつまらない。自分で映画を作りたくなる。

フランスのパテ社が開発した、九・五ミリ規格のパテベビーというフィルムが、銀座の伴野商店から輸入開始されたと聞いたのは、安治が中学一年の時だった。

フィルム幅は九・五ミリだが、幅いっぱいにフレームをとっているので、画面寸法が広く画質がいいという。どうしても欲しくなって恒三郎にことあるごとに頼みこんだ。そこは根っから映画好きの父親とあって、とうとう買ってくれることになった。

嬉しくて町中を残らず撮り歩いた。

神戸は摩耶山、再度山と続く山々の麓を、東西にはいつくばるように延びる町だ。だからちょっと高みに登れば、どこからも港が見えた。外国航路の大きな船が何隻もゆったりと行き交う中を、小さな蒸気船が慌ただしく駆け抜けて行く。兵庫桟橋から中の桟橋にかけては内海通いの船がひしめき合っている。安治はそんな光景を誇りに思いながらフィルムを回した。旧居留地から海岸通りに続く貿易会社が軒を並べるビル街。明るいにぎやかで豪華な元町通り。いつ行ってもおいしそうな匂いが流れる南京町。そんな町を外国人のマドロスたちが、華僑が歩いている。ガスランプの光。ステンドグラスの輝き。山々の豊かな緑、波光きらめく蒼い海、その間に尖がるように架けられた赤い屋根……。この色をこの色のままに再現できたら、どんなにいいだろうとフィルムを回した。

こつこつと固い靴音が響く坂の石畳。迷いこんだ横町から流れてくるジャズの音。どこの国なのか、安治が聞いたこともない言葉で交わされる会話。ジンタのクラリネットの音と川崎造船所の絶えずリベットを打ちこむ鉄槌の音が交差する。ぽんぽんと軽やかな音を立てて進む蒸気船。入港のたび、出港のたびに鳴らされる汽笛の音。そのすべてが神戸だった。この音までもとれたらどんなにいいだろう。そんな日はいつかくるのだろうかと思いながら、安治はフィルムを回した。

パテベビーで撮り編集した神戸をどきどきしながら映写した。自分でも傑作だと信じた。隊列を組んで映画館に行く仲間からも歓声があがった。

よし今度はチャップリンやジョージ・サイツに挑戦してやろう。原稿用紙二百五十枚の脚本を書き上げた。残念ながらこれは映画にならなかった。これだけの長編になると、パテベビーを買う金がとてもなかった。代わりに小さなころから絵がちょっと得意だった安治は神戸の小高い丘に登っては港を往き交う船や、赤い亜鉛屋根の西洋館を描いた。自然、元町の本屋の店頭に並ぶ雑誌の絵が気になった。

「女性」という雑誌があって、ビアズリー風の表紙の絵がなかなかよかった。題字も手描きの描き文字で毎月変わるという凝りようだった。だれが描いているのだろうと関心をもったら山名《やまな》文夫《あやお》という人だった。竹久夢二よりも数段いいと思ったが、なにせ誌名が「女性」だ。なんとも照れくさく、結局、店先でぱらぱらと斜め読みしたが、描き文字に興味をもった。自分でも漢字をいろいろ描いてみた。活字体の表紙ではどれも一様の内容に見えてしまう。それが漢字を手描きにすることで、さまざまな表情が出てくるのだ。「新青年」の手描き文字も気にいった。これなら堂々と立ち読みできた。

「新青年」は翻訳の探偵小説がなかなかおもしろかった。コナン・ドイル、ビーストン、メルヴィル・ディヴィスン・ポーストなんていう探偵作家を知った。特に横溝正史というのが編集長になって一段と「新青年」は生彩を放っていた。編集長が交代するだけで、雑誌はこんなに変わるものなのか。横溝の選び出す探偵小説を今度は原文で読んでみたくなった。英語の勉強にもなって一石二鳥だろう。

神戸元町にはなかなかいい古本屋があった。外国船のマドロスたちが読み終えた本を売りさばいていく。「新青年」で知った探偵作家の原書を探して読んだ。ついでに元町のガード下で「ストランド・マガジン」「パンチ」「ニューヨーカー」を求めた。探偵小説だけでなく、挿絵もなかなか充実していて、安治は英語に読み疲れると、そこに描かれた挿絵を模写するのも楽しみの一つになった。マドロスはいろいろな雑誌を置いていく。中でもドイツの雑誌はレイアウトが工業デザインや建築デザインのようで、なかなか精緻だった。やがてそれらはバウハウスといわれるデザインだと知った。ものを俯瞰して見る一種独特な視点が斬新だった。またアールヌーボーといわれる建築様式で建てられた外国建築写真にも心奪われた。左右対称の様式美を誇り、何重にも飾られた飾り罫や、その壁面に掘られた唐草模様を、安治は何枚も何枚もスケッチした。

友だちの一人が模写する安治を見て、「なんや真似やないか」とからかった。

「ピカソもゴッホもみんな真似で育った。真似は人を伸ばすんや」

実際、安治は悪食《あくじき》のように自分の目にするものすべてをノートの端やスケッチブックに描きこんでいった。大正ロマンを築いた竹久夢二、高畠華宵《たかばたけかしょう》、蕗谷《ふきや》虹児《こうじ》、須藤しげる、宇崎純一《すみかず》たち。そして幼い日に観た宝塚歌劇。町を往き交うモガ・モボたち。陽気で明るいマドロスたちの水兵服。石畳に写りこむランプの光。

そんなものを描いていると、和洋東西の美意識が交差する最先端の町、神戸に、今自分が暮していることに安治は気づいた。

映画堂々隊の副隊長が、中学をやめてブラジルへ行ったのは、安治が中学五年の時だった。前年、一九二七（昭和二）年に三菱財閥の岩崎家がブラジルコーヒー園の大々的な開発に乗り出し、移民熱が一気に神戸の町中に吹き荒れた。「さあ行こう一家をあげて南米へ」。海外興業株式会社のポスターが神戸中の町に貼られ風に揺らいでいた。「働き手が三人以上いる家族しかブラジル側が受け入れないため、ぼくも行かないといけないのだ」と、副隊長はちょっと不安そうに教えてくれた。

埠頭では楽隊が「行け行け同胞、海越えて……」と「移民歓送の歌」を演奏している。中学に入った時には、学生服でゲートルなしだったのに、安治たちは帽子、学生服、靴までがカーキ色で、ゲートルを巻いて副隊長を見送った。手にいっぱい紙テープを抱えこんだ副隊長はなんだか頼りなげで、さみしそうだった。安治たちは力の限り副隊長めがけてテープを投げた。

「げんきでなぁー」

「映画おもしろかったぞー」

「手紙よこせよー」

「バンザーイ、バンザーイ」

移民船は小蒸気船に曳かれて港を出て行った。神戸の小学生たちが二隻のランチに乗って、移民船と並行して港外まで見送った。小学生たちの日の丸の小旗がいっせいに振られていた。やがて移民船は見えなくなった。

副隊長から手紙がくることはなかった。

全国の中学で軍事教練が行われることになったのは、それからすぐだった。

どんな怖い将校がくるのだろうと噂しあった。まさに正真正銘の軍人気質の配属将校の少佐がやってきた。あごの四角ばった大きな顔をてらてらさせて怒鳴った。軍事教練の時間は緊張に包まれた。いつ鉄拳が飛んでくるかわからなかった。教練だけでなく、中学校全体が兵舎に変わっていった。「日本」という新聞の社説を何度も読んで聞かされた。反米反英反ソの愛国心を煽る精神鍛錬がくりかえされた。安治たちは少佐を恐れ、少佐の唱える愛国精神にやがて同調していった。「決然起って祖国の難に赴く」などという言葉を何度も何度も全員で叫ばされている間に、その言葉のリズムが美しいとさえ思うようになった。映画堂々隊はいつしか解散した。カーキ色の制服にゲートルを巻いて松竹座に入って行くなど、とてもできなかった。もし見つかれば大変な鉄拳制裁を少佐から受けることになるだろう。だからと言って私服でここそ映画を観るのも嫌だったので、映画館から自然足が遠のいてしまった。

安治は一九二九年三月神戸三中を卒業したが、高等学校受験に失敗した。

浪人生活は、神戸の人が親しみを込めて楠公《なんこう》さんと呼ぶ湊川神社の先にある、大倉山の小高い丘の市立図書館で過ごすことにした。


元始、女性は実に太陽であった。真正の人であった。

今、女性は月である。他に依って生き、他の光によって輝く、病人のような蒼白い顔の月である。

偖《さ》てここに「青鞜」は初声を上げた。


なんだろう、この違和感は。今まで神戸元町の本屋の店頭や古本屋で見てきた、夢二や虹児の絵の女性像とも、宝塚歌劇団の月刊誌「歌劇」や山名文夫の描く「女性」の世界観とも違っていた。なんだろう、わからなかった。

また船が入ってきたのだろう。少し開けた窓から「ぼっー」という汽笛の音が鳴った。それにあわせるように、安治のお腹も「ぐぅー」と鳴った。

食堂へ降りた。トーストとコーヒーで十銭なのだが、あと五銭出せば松葉どんぶりが食べられた。かまぼこを薄く短冊に切ってダシで煮て、丼にかけ海苔をぱらぱらと振っただけなのだが、十五銭にしてはこれがうまかった。

「松葉どんぶり一つ」と注文してから、かまぼこを刻んでいる白い割烹着のおばさんの姿を、できあがるまで、見るとはなしに見ていた。

「この人はどんな暮しをしているのだろう」

とても太陽には見えなかった。太陽だったのに、月になってしまったのか。あるいはこの図書館の食堂を出たあと、輝くばかりの太陽になるのだろうか。

母よしのことを思った。若い時の写真を見ると美しかった。まさに太陽だった。それが恒三郎にさんざん振り回されて、恒三郎の光によってやっと蒼白く輝くのがよしのだ。月は母だと思った。

松葉どんぶりができあがってきた。お腹がすいていたので、急いで食べた。うまかった。食べ終わって、満腹になって、ふうーと一息つくと、松葉どんぶりを作る白い割烹着のおばさんのことも、母よしのことも忘れた。

二、三日して今度は漢文の勉強をしていて飽きてくると「元始、女性は実に太陽であった」の一節がふと思い浮かんだ。気になって下に降りて『円窓より』を借りた。

それからは「婦人問題」の図書目録をくって、図書館にある婦人関係の本を読んだ。

前年岩波書店から出たばかりのアウグスト・ベーベルの『婦人論』をまず借りた。難しいところは飛ばして、わかるところだけ読んだ。ベーベルは、女性は二重に苦しんでいるといいたいようだった。

第一に、男子に対する社会的従属のために苦しむ。（略）第二に、彼女は経済的従属によって苦しむ。（略）そこで婦人はすべて、その社会的地位の差別なく、現代の文化発展の結果男子たちによって支配され虐げられた『性』として、現存の国家・及び社会・秩序の制度や法律の改革によってこの状態をできるだけ取り除くことに関心をもつこととなる。

なるほど、それをフェミニズムというらしい。そんな考えを支持する人をフェミニストと呼ぶのだそうだ。なら、自分は母のためにフェミニストになろう。そのためにはどうすればいいのだろう。浪人生活の一年間、図書館の「婦人問題」の本をほぼ読みつくした。といっても大倉山の図書館には「婦人問題」の本は二十冊くらいしかなかった。アウグスト・ベーベルの『婦人論』、レスター・ウォードの『女性中心説』、レスター・フランクの『女性中心と同性愛』、堺利彦の『男女争闘史』、平塚らいてうの『円窓より』、与謝野晶子の『激動の中を行く』、伊藤野枝《のえ》・大杉栄の『乞食の名誉』、奥むめおの『婦人問題十六講』、山川菊栄の『女性の反逆』などだった。

そして元町の古本屋で「青鞜」を探して読んだ。そこで学んだことは、映画の世界や中学の授業で学んだこととは、まったく違う世界だった。

安治が生まれた明治末の日本は、良妻賢母が当たり前の国だった。選挙権どころか治安警察法は女性の政治活動さえ認めていなかった。それはヨーロッパでも同じだった。ただ当の女性よりも、ベーベルのような男性が手を差し伸べたことで、ヨーロッパ各国ではフェミニズム運動が起こり、女性意識の高まりと解放が具体的に進められた。

この動きをいち早く日本に伝えたのは、「売文社」で知られる堺利彦の「ベーベル氏の婦人論」（一九〇五年）だった。一九一〇年になると、坪内逍遥が「近世劇に見えたる新しい女」と題してヨーロッパフェミニズムのニュースを講演したり、新聞記者の長谷川如是閑《にょぜかん》が「最新新婦人」と題して、日英博覧会での婦人会議の内容を報じていた。

ニーチェの『ツァラトゥストラ』の翻訳者でもあり、女性のための文学講座を開いていた生田長江《いくたちょうこう》もそんな一人だった。生田は日本でも新しい女性の潮流が作り出せないかと考えた。

文学講座に通う聴講生の中にもすばらしい感覚の持ち主がいる。与謝野晶子や、平塚明《はる》だった。まずは女性だけで、女性の文芸誌を発行しながら、ヨーロッパの新しい潮流を日本に紹介していくのも悪くないだろう。

与謝野晶子は歌人として名を馳せてはいたが、子だくさんのうえ、夫の鉄幹に生活力がまるでなかった。そんな三十三歳の晶子に、出版をもちかけるのは困難だった。そこで平塚明に注目した。三年前に森田草平と心中未遂事件を起こし、世間から鬼女のように叩かれた。以来、性差別や自我の解放という問題に興味をもっている。しかも父は会計検査院に務める高級官僚だ。生活の苦労もなく、雑誌出版経費も親元を頼れるかもしれない。

生田長江の読んだ通りだった。平塚明は日本で初めての女性による女性誌の発行に熱くなった。出版経費は娘の将来を案じていた母の光沢《つや》が用立ててくれた。原稿を集め出すと、与謝野晶子がさっそく「そぞろごと」を書き上げ、最初に届けてきた。

山の動く日来《きた》る。
かく云えども人われを信ぜじ。
山は姑《しばら》く眠りしのみ。
その昔に於て
山は皆火に燃えて動きしものを。
されど、そは信ぜずともよし。
人よ、ああ、誰これを信ぜよ。
すべて眠りし女《おなご》今ぞ目覚めて動くなる。

与謝野晶子の力の入った文章に刺激を受け、晶子を挑発するように平塚明は一気に「元始女性は太陽であった」を書き上げた。

その原稿に署名しようとして、「平塚」まで書いて筆を止めた。もう私は明ではない。では何者なのだろう。雷鳥を想った。氷河期から生き続け、冬には羽毛が純白になる、あのたくましく、したたかで、純粋な優しい鳥。そう今日から私は雷鳥になろう。「平塚」の後に平仮名で「らいてう」と記した。

ふだんロンドドンの女性たちが黒いストッキングを穿《は》いている時代に、モンターギュ夫人のサロンに集まった女性たちは、男たちから揶揄《やゆ》されながらも、ブルーストッキングを穿いて芸術と文学を語ったという。そう、私たちにこそブルーストッキングはふさわしい。「青鞜」と名乗ろう。

表紙を長沼智恵子（後の高村智恵子）が描いた。発売と同時に与謝野晶子と平塚らいてうの二作品に注目が集まった。当時作家として名をなしていた田村俊子の作品など、みごとに無視された。

男たちは女だけで作った雑誌というだけで過剰に反撥し、読むこともなくそれを拒否した。女性たちは自分たちの発言の場が誕生したことに異常に興奮し、さまざまな女たちが「青鞜」へ駆けこんだ。結果、「青鞜」は大正デモクラシーという時代を不幸な形で生きることになった。

男たちは「此連中がわざと芳烈な和洋の酒を飲んだとか酔って何うしたとか書かでも好《よ》きことを平気で書いて居る所に浅慮からくる可哀らしさがある」（一九一二年六月十一日読売新聞）、「新しがった若い女たちが、赤い酒をのみ青い酒をのみ煙草をくゆらして人真似の芸術を論じている」（一九一二年「中央公論」六月号）と「新しき女」という揶揄の言葉を投げつけた。この非難をらいてうは逆手にとった。

新しい女は「昨日」を呪っている。

新しい女は最早や虐げられたる旧《ふる》い女の歩んだ道を黙々として、はた唯々《いい》として歩むに堪えない。

新しい女は男の利己心の為めに無智にされ、奴隷にされ、肉塊にされた如き女の生活に満足しない。

新しい女は男の便宜のために造られた旧き道徳、法律を破壊しようと願っている。


らいてうは自分の標榜する新しい女を実践するように、五歳年下の奥村博史と恋をした。世の男性を挑発するように、「若いツバメは池の平和のために飛び去って行く」とその経過を「青鞜」に詳しく書き綴った。以来、年下の愛人のことを「若い燕」と呼ぶ、始めとなった。

やがて二人は結婚をしたが、それは入籍の形を拒むものだった。世間を挑発するように、らいてうは「奥村博史氏と至って簡単な共同生活をいたすことになりましたのでご連絡します」とはがきを出し、読売新聞などは「自劣《じれつ》たく世を搔毟《かきむし》る青鞜社」「新しい女の良人《おっと》野呂間也」「新しい女よくよく醜面《まずいつら》」「又一つ老《ふけ》るも知らず青鞜社」と書き、その非難は加速した。

らいてうに子供が生まれた。娘を曙生《あけみ》と名づけたが、入籍を拒否し私生児として育てた。解放されるべきは女権ではなく、母性の尊重であると、らいてうは母性を保護できない国と男社会を呪い、仕事をもつ母の社会的意義を訴え続けた。これに対して読売新聞は「結婚にならず共同生活《コモンライフ》なり」「性欲の赴くままの女なり」とからかうだけで、大正デモクラシーという女性から芽生えた意識の変革を、男たちは理解しようとしなかった。

らいてうの思想と行動は男たちだけでなく、青鞜社内部でも混乱を引き起こした。

「くろ髪の千すじの髪のみだれ髪　かつおもいみだれ　おもいみだるる」

「やわ肌のあつき血汐にふれも見で　さびしからずや　道を説く君」

と「みだれ髪」で詠い、「やわ肌の晶子」と呼ばれた与謝野晶子は、明治期に初めて女性を主張した歌人といっていい。

歌人として名を馳せる晶子は、自分が書いた「そぞらごと」以上に、らいてうの「元始女性は太陽であった」が話題を巻き起こし、動揺した。またまったく詩の売れぬ夫鉄幹と十一人の子供を、自分一人の筆で養っているという矜持が、らいてうの「お嬢さん」としての言動を許さなかった。

晶子はらいてうとの間に、母性保護論争を引き起こした。

晶子はアルス社から刊行した『激動の中を行く』で「妻とは女子が物質生活の保障を得る」ために「一人の男子に性欲の奉仕者として肉体を任せ」「一生身を売る娼婦に外なら」ず、「労働能力の無い所に人格の独立は無い」と言い切った。そして一九一六年「太陽」二月号に「女が世の中に生きて行くのに、なぜ母となることばかりを中心要素とせねばならないか。そう云う決定的使命が何に由って決定されたか。私の意識には此疑問が浮かぶ」「学者、女権論者、女優、芸術家、教育者、看護婦等に従事して居る婦人の内の或る人達が、其道と其職業とに忠実であり、熱心である為に結婚を避け、従って母性の権利と義務を履行しないのは」「全く其婦人達の自由に任すべきものである」と、らいてうの唱える母性中心主義は、形を変えた良妻賢母にすぎない、「婦人は男子にも国家にもよりかかるべきでない」とし、激しく女性参政権を主張した。

確かに平塚らいてうの主張は、「青鞜」創刊費用や新居の引っ越し費用を実家から出してもらえるような、ある程度の暮しの豊かさが言わせた主張であった。

頼りない夫と子供を十一人抱え、赤貧洗うがごとき生活をしながら、自ら身体を張っている晶子にとって、らいてうは過剰に反応せざるをえない対象だった。そしてまたもう一人、らいてうの主張に刺激され過剰に発熱した女性が生まれることになる。

伊藤野枝だった。

野枝は一八九五年に玄界灘に面した福岡県の今宿村という貧しい村に生まれた。実家は口減らしのために野枝を養女に出すような貧しい家だった。小学校を出ると郵便局に勤めながら雑誌に詩や短歌を投稿していた文学少女は、叔母一家を頼り上京し、上野高等女学校に入学した。そこで英語教師辻潤と知り合った。卒業後帰郷すると野枝の知らぬ間に婚約が調い仮祝言まで終わっていた。しぶしぶ婚家に入ったが八日目に飛び出し、辻を頼って上京、そのまま同棲した。教え子との同棲に非難を浴びせかけられた辻は、教師の職を投げうって野枝と結婚した。

辻から「青鞜」の存在を教えられた野枝は、創刊一年後の「青鞜」に参加、編集を手伝いながら、自らも精力的にエマ・ゴールドマンの「婦人解放の悲劇」など海外の女権拡張論文の翻訳に取り組み、「吹けよ　あれよ　風よ　あらしよ」と詠った。「青鞜」発足から四年、一九一五年に長女曙生を授かったらいてうは「一たび愛の生活を肯定し、そして自ら選んでこの生活にはいった自分が、しかも、今その愛に生き、その愛を深め且つ高めることに務めつつあるその自分が、その愛の創造であり、解答でもある子供のみをどうして否定し得よう」と、「青鞜」から身を引くことにした。

野枝が「青鞜」の編集を受け継いだ。野枝は二児を産み育てながら、「無主義・無規則・無方針」を編集方針に、「青鞜」を女性論争誌に変えていった。中流階級婦人による廃娼運動を、娼婦の境遇を理解しえない「醜業婦」たちと決めつけ、あきらかにらいてうを意識した発言はより過激になっていった。一九一六年には子供を置いて辻潤と離別。翌月には大杉栄と知り合い、まもなく同棲を始めた。

チャールズ・ダーウィンの『種の起源』やジャン・アンリ・ファーブルの『昆虫記』の翻訳家として知られる、大杉の存在をそれ以上に有名にしたのは、大正の不況期に、八幡製鉄所の労働争議の他、各地の争議を次々に指導したことだった。大杉はつねに警察から狙われるアナーキストだった。自由恋愛を叫び、内妻堀保子の他に、東京日日新聞記者の神近市子を愛人にしていた。青鞜社の会員でもあった神近は、大杉に経済的援助の手を差し伸べる存在だった。そこへ野枝が割って入ったので人間関係は複雑になった。

嫉妬に狂った神近が大杉を葉山の日蔭茶屋で刺し、世間は青鞜社の女たちの不始末をあざ笑い、非難した。神近は殺人未遂罪で入獄、内妻の堀も離れて行った。野枝はこの事件を機に大杉と同居を始め、らいてうが興して以来五年続いた「青鞜」を廃刊にした。

男性からの経済的独立と自立を叫ぶ女性解放運動も、最後は男性軸を基準に揺れ動く、たんに男女の諍いの場となり終焉した。

世間からの「悪魔」呼ばわりの非難を逆手にとって、野枝は大杉との間に生まれた長女に魔子と命名したあと、四人の子供を産んだ。大杉栄は「美は乱調にあり」と叫んだ。

大杉との共著として『クロポトキン研究』『乞食の名誉』『二人の革命家』を著し、『婦人労働者の覚醒』や結婚制度を否定する『自由母権の方へ』を発表した。

一九二三年九月一日、関東大震災が襲った。共産主義者の暗躍や朝鮮人による暴動が噂された。人々は大地の揺れ以上にその噂の恐怖に震えた。

関東大震災から十五日後、憲兵大尉甘粕正彦に大杉栄、伊藤野枝と甥の橘宗一が連れ去られ、憲兵隊構内で扼殺され古井戸にその死体は遺棄された。

らいてうはその死に対して「自然女野枝がたどるべき運命だった、野枝さんらしい死だった」と追悼した。

船が入ってきたのだろう、閲覧室の二階の窓から汽笛の鳴る音が聞こえてきた。安治は伊藤野枝の『乞食の名誉』を閉じた。伊藤野枝の地を這うような凄まじい生き方にただただ圧倒された。

結局図書館にある二十冊ばかりの「婦人問題」の本を安治は全部読み切ってしまった。自分が生まれ育った神戸の開放的で明るい陽ざしの日々に比べ、なんとも壮絶な女たちの歴史だった。明治という鉄骨で組まれた強固な男社会に抗するためには、女たちが自身の血で血を洗う必要があったのかもしれない。

安治が知る大正ロマンチシズムとは、雑誌「新青年」の表紙に代表される、丸く弧を描く書体の柔らかさであり、黄色地を背景に、黒いユニフォームの女性が華麗にクラブを振るゴルフの絵のような、大胆な色彩感だった。竹久夢二や蕗谷虹児の描く女性や、「歌劇」の表紙に描かれる女性のふくよかさであり、たおやかさだった。

それに比べ大正デモクラシーの女性たちはどうしてこんなに、ぎすぎすとして肩肘張っているのだろう。

高名な歌人としての名前しか知らなかった与謝野晶子が、十一人もの子供をかかえながら、母権よりも大切なものがあると叫ぶ世界がわからなかった。

七人の子供をえながらも、辻潤、大杉栄と次々と男を狂気に駆り立てる、自然児伊藤野枝の疾走がわからなかった。

人には必ずその人に大きく影響を及ぼす一冊の本がある。その日から安治にとって『円窓より』が一冊の本になった。

物理の教科書に飽きると『円窓より』を読んだ。英語の原書に疲れると再び『円窓より』を読んだ。塩せんべいと南京豆を交互に食べると奇妙においしいように、教科書とらいてうを交互に読んだ。やがて「元始、女性は実に太陽であった。真正の人であった」という言葉が金平糖の芯のようになっていった。

安治が通った市立神戸図書館は今も大倉山の市民運動公園の入り口右側にある。しかし安治が『円窓より』を読んだ閲覧室は昔のままではない。ロマネスク調の様式美で神戸を代表する建築の一つと言われた図書館は、阪神・淡路大震災で半壊してしまった。当時を模したコンクリート造りの建物が再建されている。『円窓より』は『婦人論』などと一緒に、図書館奥深くの書庫に蔵書として残っていた。

しかし不思議なのだ。『円窓より』は一九一三年東雲堂書店から発行と同時に発禁処分を受けた本なのだ。その本を安治は読み、十八歳の少年の心の中に早くからフェミニズムの概念を育んで行った。それは「暮しの手帖」を創出する原点になった。もし処分が徹底されていたとしたら、安治が「暮しの手帖」を作ることはなかった。

受験雑誌に「日本のヴェニス、水郷松江」とある言葉に惹かれて、安治は松江高校に進学を決めた。数学が受験科目にない松江高校には、数学を苦手とする受験生たちが全国から詰めかけたので、なかなかの競争率だった。

町の真ん中に城があった。千鳥城と呼ばれていた。なるほど千鳥か。安治は感心した。

五層からなる天守閣のすべてに下見板《したみいた》が張られていた。それが長い年月の風雨に晒されて黒ずんだ茶の濃淡を見せていた。屋根瓦の先端がちょっと持ちあがっている。天守閣そのものが、今にも飛び立とうとする黒い一羽の千鳥を思わせた。美しい姿だった。築かれてから三百二十年、この町は城とともに生きてきた。一羽の千鳥を護るように城の周りを森が囲んでいた。

その森を抱くようにして濠《ほり》がめぐっていた。濠端には、昔ながらの武家屋敷が、しいんとその影を落としている。濠から幾重にも分かれた掘割に沿って家並が続く。その掘割に架けられた橋をいくつも渡る。確かに日本のヴェニスだ。掘割の石の上に建つ家々は壁を下見板で張り、瓦を乗せていたから、町全体が濃い茶色の世界に包まれていた。

開港以来わずか六十年の町、神戸しか知らない安治には、三百年以上変わらぬ姿で静かに穏やかな暮しを護り続けてきた、人口四万人の町のありようは、新鮮な驚きだった。

松江高校は一九二〇年に設立された全国で十七番目の旧制高校だった。だから校章には松江にちなみ十七本の松の葉が組み合わされていた。松江、松本、松山に高校があったので、それらと区別するために、淞高《しょうこう》と呼ばれた。水の都の松か。いい名前だと安治は感心した。

町の人たちは「生徒さん」と言って、この町の最高学府の学生を大事にしてくれた。黒いマントを着て、朴歯《ほおば》の下駄を履き、ちょっとバンカラを気取って歩いていると「生徒さん、ちょんぼりお茶する」と声がかかった。

急須のお茶ではなかった。さらさらと茶筅《ちゃせん》をとおして、おうすを出してくれるのだ。家々の多くには茶室があって、だれもが気軽にお茶を点《た》てた。なにごとも上品で、つつましく、控えめだった。お城にしつけられた行儀のいい暮しとでも呼べばいいのだろうか。そんな奥ゆかしさがこの町にはあった。

町から二キロ離れた川津村に校舎があった。校舎の裏山には百二十人が入る学生寮「自習寮」があったが、安治は賄い付きの下宿を探した。千鳥城をぐるりと巡る外濠は生活の足にもなっていて、引っ越し道具を積んだ船さえ棹をさし、行き来する姿は安治を驚かせた。外濠の北田川を船で芳島橋まで上り、学校まで歩いた。

東京の京華商業からやってきた田所太郎という男とすぐ知り合いになった。田所は、千鳥城の濠端にある、小泉八雲の旧宅のすぐそばの、北堀町に小さな一軒家を借りて住んでいた。自然、賄い付きの下宿より、田所の家に転がりこむ方がいつか多くなっていた。田所はなんだか色は白く、やけに目鼻立ちの一つひとつがはっきりして、草双紙から抜け出してきたような顔をしていた。一方の安治にすぐについたあだ名がドンビキ、ひきがえるだった。しかし、自分の顔は自分でもなんともならなかった。

松江高校時代の花森安治
写真提供＝土井藍生氏

そのドンビキが入学してすぐの合同弁論大会で「婦人論」を語ったから周りが驚いた。みんなが「日本帝国の急務」「モダニズム近代思想の変遷」なんていうのを論じる中で、安治は「元始、女性は太陽であった」とやった。「ドンビキ、ひっこめ」「なんでお前が婦人論なんだ」という野次にもめげず、安治は大正デモクラシーにおける女性の意識の変遷を話した。話しながら母よしののことを思った。

そのよしのが三十八歳の若さで死んだのは安治が高校一年の夏休みのことだった。床に臥したよしのは安治に「私の枕元に立ってみて」と弱々しげにつぶやいた。言われるままに安治は枕元に立った。あっちを向いて、こっちを向いてと安治をしげしげと見つめながら、「立派になったね」と言った後で「あんた将来なにしたい」と聞いた。

なにをしたいのだろう自分は。母にたずねられて初めて自分の将来というものを考えた。

時代と並走する新聞記者がいいかもしれない。今という一瞬一瞬を記録するのは意義があることだろう。それとも編集者というのはどうだろう。「新青年」が横溝正史という編集長になった途端、表紙も内容もがらりと変わったことを安治はよく知っていた。自分の美意識と、自分の感覚で自分だけの世界観を創り上げてしまう仕事だ。そう、編集者がいい。

「新聞記者か、編集者になる」

たずねた母にはその仕事の内容がわからなかったのだろう。「ふーん」と言ったまま黙ってしまった。その沈黙の中で再び安治は決心した。

「よし、新聞記者か、編集者になろう」

母の死が近づいていた。恒三郎に向かって「裁縫の蓄えが少しはあるから、この子を大学にやってくださいね」と何度も言い、息を引きとった。

モネは妻カミーユの死に顔の様をベッドの横で素早く描いたという。妻の死さえ自分の芸術のためにしてしまうのが画家なのだ。安治は母のその蒼白い顔を、母の悔しさを、無念をスケッチブックに描き止めようと素早く手を動かした。描きあがった自分のスケッチと母の亡骸を見つめ続けた。

「元始、女性は実に太陽であった。真正の人であった。

今、女性は月である。他に依って生き、他の光によって輝く、病人のような蒼白い顔の月である」

らいてうの言葉がお経のように思い浮かんだ。あんなに輝いていた母は、恒三郎の放蕩で、月として生きざるをえなかった。そう思うと涙が止まらなかった。

母の死は安治にはこたえた。母をこの手の中に入れておきたかった。

用事もないのに母のタンスを開けた。引き出しから父と芸者が写った写真が何枚も出てきた。それをタンスの奥深くにしまい続けた母の無念を思った。太陽であった母はこんなふうにして月になっていったのだ。身体の震えが止まらなかった。布団に潜って仰向いて天井を見つめ続けた。気がつくと恒三郎が立っていた。

「十円やるから、これで神戸じゅうのカツドウを全部観てこい」

安治は何日も何日も映画を観て回った。しかしなにを観たかも思い出せないくらい、母の死はこたえた。母に誓った新聞記者か、編集者になることが母への供養になるだろうと、映画館の暗闇で思った。

それには新聞部か文芸部に入るのがいいかもしれない。田所太郎が文芸部に入っていたので、安治も高校二年になると同時に文芸部に入った。

横光利一を模したような小説や、エッフェル塔への想いを「鉄骨の感覚」と題した詩に託した。

英語の教師に出《で》水《みず》春《はる》三《ぞう》教授がいた。後にアーノルド・ベネットの『夜の来客』や、H・D・ソローの『森の生活』、『イギリス文学史要』などを訳す英文学者なのだが、教材に「世界の歴史は英雄によって作られる」で有名な『英雄崇拝論』を著したトーマス・カーライルの『衣服哲学』を使った。あてられた安治は、ちょっと難解な文章だったが、なんとかすらすらと訳せた。そして、衣服というものの存在に改めて気づいた。確かに服をまとうのはカーライルのいうとおり、動物界において人間だけなのだ。衣服から人間を考えてみるのはおもしろい視点だ。少し考えてみるのもいいかもしれない。

一方、あてた出水春三は安治が、別に教科書に書きこみをしているのでもなく、すらすらと訳す語学力に驚いた。しかもこいつ、自分の口真似までして訳すのだ。

出水春三は色白でやせ形にもかかわらず、なかなかの酒豪だった。安治を気に入った出水はなにかというと安治を連れて、夜な夜な花街へくり出した。朝方、二台の人力車で校門まで乗りつけることさえあった。安治は『衣服哲学』を原書で隅から隅まで読みこなし、ほかにも衣裳論を読んでみたいと思ったが、類書がないのであきらめた。出水がしきりに谷崎潤一郎を勧めた。安治はたちまち『卍』、『乱菊物語』の世界に夢中になった。『母を恋ふる記』を読んでよしのを想った。

松江にきた安治を一番嬉しがらせたのは、大手を振って大っぴらに映画に行けることだ。松江には大小五つの映画館があった。映画好きの田所と一緒になって、鈴木重《しげ》吉《よし》の「何が彼女をそうさせたか」、五所平之助の「マダムと女房」、小津安二郎の「突貫小僧」「朗かに歩め」「その夜の妻」「お嬢さん」「東京の合唱《コーラス》」と観て回った。

駅前の映画館で観た山中貞雄の「磯の源太　抱寝《だきね》の長脇差《ながどす》」には驚いた。画面の間に字幕がはめこまれていた。「一年二年三年前」「泣いて別れて村を出た」「五年たてばきっと帰るといってたけれど」「その五年が待ち切れず」「あの人慕って江戸へ出て」「もう三年」とたたみかけてくる、字幕の話術のテンポに酔いしれた。これが初監督というのだ。とんでもない新人が出てきた。

宍道湖《しんじこ》の喉首のところに架かっている、松江大橋の北のたもとに、松江クラブという映画館があった。二階が椅子の特別席で、一階は畳敷きになっている。ここで寝転がりながら映画を観るのが楽しみだった。だがもう一つ、この松江クラブの夕刻には、映画以上の楽しみがあった。映画を堪能して小屋を出ると、宍道湖に落ちる太陽の光で町全体が黄金に輝くのだ。暗闇から出た直後だけに、その光の鮮やかさは一段と際立った。安治は柔らかい光に包まれながら、松江大橋の北詰から千鳥城の外濠の京橋川に向かって歩いた。外濠を行き来する船に乗って下宿に帰った。宍道湖から京橋川に向かって、長く斜めに差しこむ夕日をかき分けながら、船は橋の下を次々に進んだ。圧倒的な風景だった。

しかしこの町でちょっと物足りないのは、洋画がまったくかからないことだ。ちょくちょく顔を出すので仲よくなった松江クラブの館主に、洋画をやらないかと口説いた。吉永という館主はとても人が入らないという。なら淞高鑑賞会としたらどうだろうというと、乗り気になった。淞高の名前をつければ、良家の子女やインテリも動員できるだろうとふんだのだ。

「キネマ旬報」を見て、プログラムを考え、来月はこれとこれにしようと決めると館主の吉永が大阪に出向き、契約をしてきた。安治と田所たちは見てもいない映画のパンフレットを編集した。カットは「キネマ旬報」を見て、安治が描いた。うまいものだった。ルイス・マイルストンの「西部戦線異状なし」、ジョセフ・フォン・スタンバーグの「モロッコ」、そして「トルコシィプ」「人生案内」「春」などというロシア映画から、クルト・ベルンハルトの「旅愁」、ヨーエ・マイの「アスファルト」と、ドイツ映画まで次々に上映した。

母に言った「新聞記者か編集者になるんだ」という言葉を思い出しながら、安治は毎月、毎月、四六判四ページの映画パンフレットを楽しみながら作り出した。

安治が高校二年生の時の九月十八日、満洲鉄道の奉天郊外の柳条湖付近で中国軍が鉄道爆破を仕かけた。仕かけられた関東軍は張学良率いる中国軍に反撃に出た。翌日関東軍が奉天城を占領した記事で新聞は「満洲事変起こる」と書き立て、学校では「けしからん、許せん、中国軍め。爆破を仕かけるとは卑怯なり」と怒る生徒がいたり、町の人々もお茶を飲みながら騒ぎ立てた。政府は事変の不拡大を表明したが、関東軍は無視して中国各地に侵攻、九月二十一日には朝鮮軍が満洲に越境すると、小躍りして万歳する市民で千鳥城濠端はあふれた。

まさかこれが、中国侵攻のために関東軍が仕かけた自作自演劇だとは、戦後東京裁判になるまで日本のだれもが知らなかった。

松江連隊が隊列を組んで町中を行進すると、町の人々は日の丸を振って声援した。満洲でのできごとに町内が騒然とするそんなさなか、松江高校に事件が起きた。

十二月一日の創立十周年の記念式典で、祝辞を述べる生徒側の代表を学校側が一方的に指名した。生徒会はわれわれが自分たちで決めるべきだと反発した。その夜の提灯行列に参加した三百人の学生のうち、百人がそのまま記念式典会場になだれこんだ。校長の河合義文を取り囲むと釈明を求めた。学校側は学校行事に生徒が口をはさむ権利はないと拒否。四日、退学四人、停学八人の処分を発表した。生徒たちは寮に立てこもった。一致団結するためには、下宿している者も寮に集結せよとの指令で、安治も下宿を出た。せんべい布団に、四、五人が潜りこみ、雑魚寝をした。山陰の冬は寒く、薪も欠乏した。食料も豊かではない。それでもみんな耐えてストを続けた。

記念式典の生徒代表者の指名くらいで、なぜこんなにみんな大騒ぎするのかと、初めは合点のいかない安治だった。しかし先輩たちの話をいろいろ聞くとわかってきた。どうもみんな校長の河合のやりかたに前々から不満をもっていたのだ。

安治たちが高校に入学する前の関東大震災の世情不安と呼応するように、共産主義運動が一気に盛んになった。大正末から昭和の初めにかけて、全国の高校で社会主義研究会や共産クラブが広まった。これを政府は徹底的に排除しようとした。数度にわたって、全国の赤化学生狩りが行われた。地下に潜った社会主義研究会も徹底的にやられた。昭和初頭の五年間は、徹底して共産主義が弾圧され、一気に軍国化が加速した時期だった。

淞高も例外ではなかった。安治が入学するころには、校内の共産主義団体は根こそぎ解散させられていた。学校は警察のいいなりだという想いがみんなの中にあった。そんな学校への反発は安治たちよりも上級生に根強く残っていた。ストライキの途中で校長が娘を同伴して、ひそかに米子駅から上京しようとした時などは、父兄や生徒が一緒になって捕まえてしまった。娘はしくしく泣き出す始末だった。

結局ストライキは年末まで二十二日も続いた。学校の無策ぶりにとうとう恒松《つねまつ》於《お》菟《と》二《じ》県議会議長が怒り出した。文部省に辞職勧告を打電したため、一気に校長の旗色が悪くなった。結果、学校側は期末試験を延期し、いったん出した退学処分者も復学させ、ストライキは解除になった。

学生側の勝利を祝って、寮の学生食堂ホールで、文化祭が催された。小津安二郎の

「美人哀愁」を松江クラブから借りてきて上映した。弁士は安治だった。みごとな弁士ぶりにホールは喝采で沸き立った。

その日、町ではもう一つの喝采が起こっていた。

万歳、万歳の声が宍道湖の湖面を揺らした。日の丸の旗が振られ、人々は武運長久の幟《のぼり》を掲げた。松江連隊が隊列を組んで歩む姿が城の濠に写りこんだ。

一九三一年十二月二十二日、松江連隊は満洲に向かって旅立った。

十二月二十八日関東軍は錦州《チンチョウ》進撃を開始。三十一日、不侵略条約を打診してきたソ連に対し、日本は締結を拒否した。

年が明けてまもなく、新聞は松江連隊三十名の戦死者を報じた。

北堀町の田所の一軒家を安治が訪ねたのは、高校三年の春が過ぎたころだった。

「じつは折り入って相談がある。校友会雑誌二十号のことだ。悪いが、全部独りで編集したい。二十一号はお前が編集を全部やるということで、堪忍してくれないか」

「全部自分でやるって。装丁からなにもかもか。またどうして」と田所が聞いた。

「いや、前から思っていたのだけど、どうもうちのは文芸としては弱い」

編集出版した校友会雑誌は、高校同士でお互い交換し合っていた。三高のは小学校の同級生田宮虎彦や、織田作之助というのが書いていてなかなかの水準だった。田所もそこのところはわかっていた。自分の書くものにしても、安治の詩「鉄骨の感覚」にしてもまあ、習作というところだ。

「文芸で勝負できないなら、編集全体で勝負したい。それには表紙から始まって、割り付けまで独りの感覚で全ページを構成しないと、駄目だと思うんだ。悪いがぼくに全部任せてくれないか。次号は田所がやるということで」

「いや、俺は自分が全部頭から終わりまでやる自信はない。いいだろう、おもいきり全部やってみてくれ、俺に遠慮などいらないよ」と田所は言った。

七月の初めに校友会雑誌二十号ができ上がってきて、だれもが驚いた。それまでのごくありふれたどこにでもある縦長の雑誌とはまったく違っていた。ほぼ真四角の判型で真っ白な木炭紙でフランス装になっていた。それだけでも驚きなのに、安治は薄茶の表紙地の上に、入れ子細工にも似た、銀色の正方形を十九個も描いていた。しかもそれを真ん中に置くのではなく、少し右側にずらしてあった。だれもが表紙から眼を離すことができなかった。扉を開くと、目次にも仕かけがあった。

こんな男こんな女…………田所太郎
目次ページが一つのかたまりに見えるよう、題と筆者の間を、天地をあわせた点線で結んでいた。後に、「暮しの手帖」の目次デザインとして、安治がかたくなに守り続ける原型だった。

最初の作品ページ土田義男の「裂けた靴」を開くと、再び活字のかたまりが飛び込んできた。全作品がすべて九ポイント一段組みで構成されていた。どこにでもある二段組みの、あのごちゃごちゃ感がすべて排除されていた。カットは一切いれず、組版の美しさだけで安治は勝負に出ていた。

刷り上がった二十号を見るなり、田所は思わず言った。

「すごいな。きれいだよ。見事なもんだ」

安治は著作も小説「泣きわらい」と詩「実験室」を書き、孤軍奮闘していた。

安治がたった独りで編集・デザインした校友会雑誌は各地の高校に配られ、その斬新なデザインが評判になった。編集後記にこう記した。

「本号の責任はすべてぼくにある。この編集は全くぼくによって、その独断のもとになされた。ともあれ、一学期に出せたことは、ぼくの貧しい誇りである」

北堀町の田所の一軒家を訪ねてから三か月、勉強もそっちのけで校友会雑誌に独りうちこんできた。大学進学の受験準備がずいぶん遅れた。急いで勉強しなければ。

松江は、安治が神戸から初めて訪れた日とくらべて、現在どのくらい変化したのだろうか。

外濠の外に位置する駅前から、安治が学んだ松江高校の跡に建てられた、島根大学へ続く郊外道は大きく変化したのだろう。

しかし、千鳥城を護るために掘られた外濠から内濠に一歩足を踏み入れると、確実に時間は停まる。今年でちょうど築城四百年の千鳥城は、あれから八十年がたったというのに、安治が見た日のまま、壁の周りは黒い下見板で覆われ、三角形の入母屋破《いりもやは》風《ふ》は、千鳥が今にも飛び立とうとするかのように、羽を広げていた。

安治と同じように神戸から松江に入った私は、千鳥城の入り口北惣門橋から、田所太郎が住んだという北堀町のほうを見た。塩見縄手と呼ばれる大通りには、古都が古都のまま生きていた。

神戸と松江。まったく別の価値観で生きる、二つの町の違いが痛いほどわかった。安治は、神戸の西洋館、ガス灯という当時もっともモダンで新しい感覚の中に、三百年以上続くお城にしつけられた行儀のよさを、この三年で自分の中に育んだ。

後年一つは、安治が描く「暮しの手帖」の表紙絵や「いまパリの街角で」特集となって異彩を放った。そしてもう一つは、日本人の根源を問う「ある日本人の暮し」や「人物ロングラン」シリーズを生むことになった。

花森安治編集校友会雑誌20号
資料提供＝島根大学図書館（著者撮影）

島根大学の門標には、旧制松江高校の石門が使われていた。大学図書館には安治が個人編集した校友会雑誌二十号が所蔵されていた。十九個の銀色の正方形の表紙を斜めにすると、銀色が隠れ、薄茶だけの表紙に変化した。そうか、こんなだまし絵遊びまで、安治は計算していたのか。

安治が書いた横光利一の文体を模したような「泣きわらい」「実験室」は、創作としてはとても褒められたものではない。それがわかっていたからこそ、安治は初めから編集者を目指したのだろう。

松江クラブがあった松江大橋の北詰近くの旧い宿の部屋から見る宍道湖は、落ちる夕日に照らされて黄金に輝いていた。夕日の波を引き裂くようにして、一隻の小舟が帰りを急いでいた。

それは山陰の湖に沿った小さな古い町の春だった。

三　帝大新聞のストーブ

《昭和八年度　東大入学試験問題　文学部》

国語（漢文と合せて二時間）

【一】左の各項につきて成立時代及び著者（或は編者、作者）を挙げよ。

（1）海道記　（2）桐一葉　（3）懐風藻　（4）古事記伝　（5）更級日記

（6）詞花集　（7）椿説弓張月　（8）平治物語　（9）若菜集　（10）和漢朗詠集

【二】左の文を解釈せよ。

さて世にありと人にしられずさびしくあはれたらんむぐらの門に思ひのほかにらうたげならん人のとぢられたらんこそかぎりなくめづらしくはおぼえめいかではたかゝりけんとおもふよりたがへることなんあやしく心とまるわざなる。

【三】左の口語の文を文語に改めよ。

（い）風が吹くと波が立つ。（ろ）山が険しくって到底登れない。（は）壁に帽子が掛けてある。（に）この事はまだ誰にも知れていない。（ほ）浮袋さえあれば游げるだろう。

漢文（略）

西洋史（二時間）

【1】神聖ローマ帝国の盛衰を述べよ。

【2】英国の産業革命と其の政治上に於ける影響とに就いて記せ。

【3】左の名辞を説明せよ。

（イ）十二表法　（ロ）修道院　（ハ）三国協商

英語（二時間）

英文和訳（略）

和文英訳

【3】過渡期の受難を一身に背負って、末路蕭々としてこの世を去った翁の生涯は、ある意味に於ては哀しむべく、ある意味に於ては、いかにも先駆犠牲者らしく、その一生を完うしたものと云えないこともない。

【4】(a)一人はもう逃げる間がないので、地に倒れて死んだふりをしていました。

(b)北欧の人がイタリーの自然を讃美して已まないのは、彼等が日常青天白日の美を見る事が稀だからである。

この試験問題で、安治は東京帝国大学文学部美学科に合格した。一九三三(昭和八)年の四月、ようやく芽吹き出した銀杏並木の構内を安治は歩いていた。銀杏の木に貼られた「帝国大学新聞、部員募集」というビラが、そよ風に小さく揺れていた。

東京帝国大学文学部学生証
写真提供＝土井藍生氏

新聞部か、と安治は興味をもった。

学生が刷り上がったばかりの束を抱えて、赤門の前で新聞を売っていた。「帝国大学新聞」という筆文字の題字のほか、一面はすべて書籍の広告だった。二面は「学府春譜新学年の各学部」の大見出しで、今年の入学状況を報じていた。三面には上海在住の岡部隆男の「政権解放をめぐる国民党の葛藤」と、孫文亡き後の国民党の動静が伝えられていた。

五面の文芸欄を開いて安治は、なんだこれはと驚いた。森田草平「作家と境遇」、舟橋聖一「新聞の長編小説について」と二人の随筆が載っているのだが、添えられたカットがあまりにもひどいのだ。その感覚が古く貧しいのだ。大学新聞なのだ、もっと若さが紙面から匂い立たなければいけない。それが普通の新聞と同じであればいいといわんばかりの、旧態依然とした紙面構成だった。これでは一般紙の物まねだと思いながら、再び部員募集のビラに目をやった。

「各学部新入学生徒のうちから編集部員若干名を募ります。特に写真や漫画に興味をもたれる方も歓迎。希望者は十八日（火）までに本社受付へお申し出ください」

本社は、中央大講堂の左袖にある空き地の一画を占めるボロボロのバラック建てだった。小屋といってもいいその建物は関東大震災のあとに急いで作られたもので、震災からもう十年もたとうとしているのに、そのまま残っていた。

安治は蝶番がゆるんで馬鹿になった扉を押した。そして驚いた。

そこに面接を終わって帰ろうとしている、雲中小学校で同級だった田宮虎彦がいた。

田宮はどもりながら、「安治も東大だったのか」とその白い美しい顔を紅潮させた。

大きな四角の樫の机を囲んで学生たちと社長が並んでいなければ、二人で手を取り合ってこの奇遇を喜びあうところだが、ここは面接会場なのだ。そうはいかなかった。田宮が座っていた面接席に安治が代わりに座った。

上座には、後から知ることになる三年生の中沢道夫、宮本泰、細川達海、椎野力、藤井重博たちが座っていた。そして勝本信之助、伊東春三、寺崎鉄男たち二年生が左右の席に分かれて座っている。学生たちに囲まれているのが編集長の殿木圭一と社長の野沢隆一だった。

あの程度のカットとレイアウトをする連中だ。臆してはいけない。安物のあめ色の背広に、赤い派手なネクタイをした安治は右肘を机につきながら、顎を押さえた。右端の男が質問した。

「出身は」

「松江です」

「ああ小泉八雲ですか」

松江と言えば小泉八雲とくる。安治はなんとも困った。

「高校ではなにを習いました」とまたその男がたずねた。

「カーライルの『衣服哲学』を」

たずねた男はカーライルがわからず、「他になにをしてきました」と質問をはぐらかせた。

安治は自分が編集した校友会雑誌を取り出して見せた。机を囲んだ学生たちや、真ん中に座る社長、編集長の顔が一瞬にして変わった。

「どこまで携わった」

編集長が思わずたずねた。

「全部独りでやりました」

一年生部員として合格したのは、安治と田宮虎彦、石神清、泉毅一、岡倉天心の孫の岡倉古志郎の五人だった。

安治に質問をあびせ続けた二年生の名前を、扇谷正造《おおぎやしょうぞう》といった。

「帝国大学新聞」編集部。それは安治が考えたこともない組織だった。

帝大新聞は一九二〇（大正九）年十二月二十五日に、大学における「文化創造」を謳い、ミケランジェロの「創造されたる人」の写真を一面に載せて創刊された。出版各社は東大に新聞ができたと、競って書籍広告を出稿し、経費的めどはすぐに立った。

しかし、そこが学生のやること、定期刊行物の意識もなく、休刊が続いたり、社会科学研究所の位置づけをめぐって、運動会と学友会が対立して、紙面構成も成り立たなくなってしまった。

このまま行くと廃刊かという一九二四年、二人の新聞部ＯＢが再建に乗り出した。一人が学生時代蹴球部と新聞部の両方をやり、体協の役員でもあり、東京日日新聞の政治部部長をしていた久富達夫だった。久富は卒業しようとしていた奥山信一に白羽の矢を立て、一年留年しても再建協力の実務を頼みこんだ。「人生意気に感じた」奥山は一年留年どころか、帝大新聞にかかりきりになった。まず二人がしたのが編集と事務を明確に区分することだった。取材と編集は学生に任せた。事務は専門の職員を雇い、広告、販売、発送にあたらせた。これにより経営が安定した。

記事構成として大学の人事、学内行事、学士会の会合を漏れなく掲載したので、教授や職員、学生は紙面から眼を離せなかった。出身高校別入学者一覧や合格率、入学試験問題を載せたので、帝大進学情報紙として地方高校で欠かせない存在になった。

多くの教授が新聞に関心をもち、積極的に原稿を書いてくれた。新聞が思想討論の場となり、議論は白熱した。思想家、作家、画家など文化人の随筆を積極的に載せたので、たちまち学生だけでなく知識層の人気紙となった。岩波書店に至っては、一般日刊紙広告掲載行数より多くの行数を帝大新聞に使用した。創刊十周年には発行部数五万部を誇る、日本を代表する文化紙に育っていた。基盤がやっと整ったところで、ずっと経営を見てきた奥山が身を引き、ようやく中外商業新報社に入ることになった。

代わりに久富達夫の下で政治部記者として三年働いていた野沢隆一が、経営をみることになった。大学側から美濃部《みのべ》達吉《たつきち》、吉田熊次、河合栄治郎の三教授を招聘《しょうへい》。美濃部理事長のもとに理事会体制を整えた。学生が卒業するたびに編集力が落ちるのを危惧した野沢は、卒業生の中から毎年一人に留年をしてもらい、しっかりと編集内容をみる、編集長制度を取り入れた。

安治が入部した時の編集長は、卒業を一年延ばし学生たちの指導に専従する殿木圭一だった。編集部同人たちは自分たちのことをキシャの卵なのでトロッコと呼び合い、奥山を団長、久富を親分、野沢を社長、殿木を編集長と呼んだ。

発行部数は安治が入部した年で六万部を誇っていたが、書籍広告が集まり過ぎるくらい集まるため、残稿対策としてページ増を図った。科学欄と各地大学、学士会、同窓会等の消息などを伝える学士・各大学欄が新設された。編集部員の不足は各大学、各高校に置いた通信員や読者の原稿を積極的に載せることで解消した。通信員が毎週原稿を郵送してきて、各学校のニュースや名物教授の連載が充実した。読者転住欄を設け、勤務先変更、転居通知が届くとそのたびに載せたので、卒業生にとっては学士情報紙として欠かせないものになった。卒業生は学士会に入ると同時に大学新聞を購読したので、十ページ建てでも値上げせずにやっていけた。

しかし安治たちトロッコにとって、部員増なしの毎日は、目が回るくらい忙しいものだった。

編集会議が月曜正午と金曜正午に決まってあった。月曜日は次号の紙面の企画会議となった。夕方まで話し合った編集方針をもとに、火曜日から木曜日までの三日間をかけて取材、原稿書きあるいは、原稿依頼、受け取りをするのだから、あっという間に金曜日がきてしまう。

見出し組み、カット、デザインを受けもつ安治は自分の取材のほかに、水曜日の夕方くらいから持ちこまれる依頼原稿、署名原稿にカットをつけ、デザインをして、入稿できるものは順次、印刷入稿するという仕事が待っていた。

金曜日の午後から最終編集会議が行われ、集まった原稿を全部並べ、最終割付をしていった。

前日までにレイアウトを終わったはずのものが、全原稿を並べてみると再構成しなければならないことはたびたびだった。土曜日に追加取材の原稿や、補足原稿が飛びこんでくる。結局紙面構成レイアウトも担当する安治の仕事は、決まって金曜日は徹夜、土曜日は深夜から早朝になった。

閉まった正門の塀をこの二日間は必ず乗り越えた。本郷通りのパラダイスやフジアイスを叩き起こした。日曜日は数寄屋橋の朝日新聞社に出張校正に出向いた。一九三八年から日本橋の中外商業新報社になったが、安治が在学のころは、大学新聞の印刷は朝日新聞社に委託していたからだ。

夕方に大組みが終わるとやっと一息つけた。この日曜の夕方だけは食事は豪華で「呑喜《のんき》」のおでんや、「燕楽軒」の肉団子、「竹葉亭」で鰻か鯛茶漬けになった。鯛茶漬けが有名な松江でも、ここにかなうものはないと感心しながら、一週間に一度の豪華な食事に満足していると、そろそろ輪転機から新聞の刷り出しが上がる時間だった。それを点検してようやく一週間が終わった。

日曜の夜九時を回ったころだけが、安治たちトロッコがゆっくりできる時間だった。学校の近所の本郷金助町にある、親分久富達夫の家に押しかけてはよくご馳走になった。刷り上がった新聞は本郷の編集部に届けられ、それからは専属の発送員たちの徹夜作業が始まった。帯封を貼り、郵便局に持ちこんだ。夜が明けると正門前に仮設した屋台に新聞を並べた。これが飛ぶように売れた。法経の大教室では、いっせいに学生たちが新聞を開き、その音が大教室に反響した。

その音を聞いていると忙しかった一週間のことを忘れた。それからバラック建ての編集室に向かうと、次週の編集会議が始まり、また新たなトロッコの日々となった。

一年生で十円、二年生で十五円、三年生で二十円の手当が月々出た。編集室に行けば昼は一食十五銭の食事が取れた。結果、安治は最初に受講手続きをとった美学科の授業にはまったく出席せず、大学生活のほとんどを湿った匂いのする編集室で過ごした。

安治がトロッコになると同時に、帝大新聞の紙面が変わってきた。それまでは一般紙の新聞のように活字を見出しに組み、ゴチック体で一段の小見出しをつけた紙面割付だった。一般紙の手慣れた専門家の職人技ともいえる紙面構成に比べると、ごつごつして読みづらく、紙面はいつもなんだか黒ずんで見えた。そんな紙面が突然変わった。

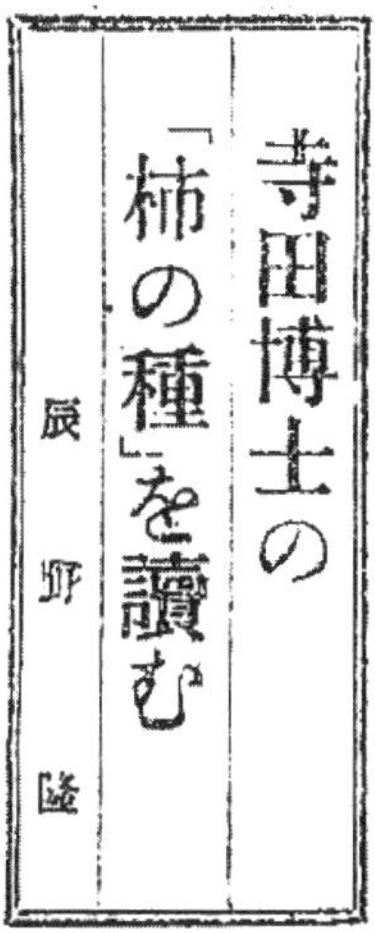
寺田博士の「柿の種」を讀む
辰野隆

花森安治の見出しデザイン
帝大新聞1933年6月19日号より

安治は文芸欄に掲載された辰野隆の「寺田博士の『柿の種』を読む」の見出しと著者名を、二重罫の中に収め、余白を生かしたレイアウトにしあげた。

これにはだれもがあっと驚いてし

まった。編集長の殿木圭一があわてて「おいおい、この白いところ活字が脱落しているぞ。校正をしっかりやってもらわないと困る」と言い出したくらいだ。しかし安治はなにも言わず、それを押し通した。

安治の余白の妙に朝日新聞の整理部が驚いた。

さっそくあの紙面はだれが作ったのか会いたいという電話がかかった。そんなことが三回くらいあった。帝大新聞の紙面は見違えるように変わっていった。後年の「暮しの手帖」の見出しは、もうこの時完成していた。

毎年五月に学内だけで行われていた学校祭が、この年から一般公開されることになった。

帝大新聞一面には新芽の吹き出た銀杏並木の陽光の写真とともに、「風光り若葉映ゆ大学の五月祭／各学部六、七日の両日を待つ」という文字が明るく華やかに躍っていた。

一般公開の大学祭を少しでも派手にしようと、フランスの巴里祭にちなんで、扇谷正造が命名したのが「五月祭」だった。以後、東大五月祭の名前は使い継がれるようになった。

しかし安治が在学した一九三三年から三七年の四年間で「帝大新聞」の紙面が華や

いだのは、この五月祭の記事だけだったかもしれない。

新聞記事の内容は、時代とともに閉塞感に満ち、暗く変容していった。

その最初が滝川事件だった。京都大学で起きたこの事件が、まさか東大にもおよび、安治の身にも降りかかってくるとは、最初は考えてもいなかった。

事件の発端は文部大臣、鳩山一郎が起こした。

刑法の専門家、京都帝国大学法学部教授滝川幸辰の学説と発言はマルキスト的で不穏当であるとして、京大総長小西重直に罷免を迫ったのだ。京都帝大では全学あげての反対運動を展開した。

東京大学でも学問の自由を護れと、京大支援の動きが全学的に高まった。

帝大新聞も五月二十二日号で大きな特集を組み、京都大学にエールを送った。

「たぎる滝川教授問題／断固たる決意で／大学の権威を護る／京大全学ついに結束」

「学生大会で教授会支持を決議」

法学部教授会が京都大学支持を表明したことに、学生会も同調した。

「声明書、滝川教授の進退問題に端を発したる今回の事件は大学の自治研究の自由に関する重要問題なり。これに関して法学部教授会のとれる態度は大学の使命遂行上当然の配慮にして我々学生の絶対支持する所なり」

論説面には「現段階における学問の独立」を説く長谷川如是閑の「大学自治の検討」と「大学は政府の政策を実行するために設けられた政府の属僚の集まりではなく、専門の学術を研究、教授することを本分とするもので、政府の政策によって拘束されるものではない」と主張する美濃部達吉の「滝川教授の問題」の特集が組まれた。

いったい文部省は滝川教授のどこが不穏当というのだろう。安治は熱気をおびる紙面の大組みをしながら、『刑法読本』を読んでみた。どうも次の二点が問題になっているようだった。

「日本の法律を正しく理解するには、日本の現在の社会、即ち世界的に帝国主義段階から下降線をたどりつつある現在の資本主義社会を度外視してはならない」

「昔東洋の思想家は『刑は刑なきを期する』という理想を宣言した。併し刑罰によって刑罰をなくすることは到底できない相談である。それは刑罰のない社会を築上げることを前提として初めて可能となる。故に私はいう、刑罰からの犯人解放は犯罪からの人間解放であると」

「どう思う？　滝川教授はマルキストと判断されたのだろうか？」

田宮虎彦が聞いてきた。田宮は京都の第三高等学校出身だけに、京大のこととなると心配でしょうがないのだ。安治は心配するなというように言った。

「これで滝川教授をマルキストと判断することはできないだろう。反戦論者の旗頭というわけでもない。まあ進歩的自由主義というところがせいぜいでは。これをもって国家思想を養い育てる義務をもつ大学教授として不適切だ、マルキストだととらえることはまったく根拠薄弱だろう」

田宮はようやく安心した顔になった。

しかし、安治の楽観に反して事態は深刻になった。

鳩山文相が五月二十六日、滝川教授の休職処分を強行した。これに対して京大法学部では教授全員が辞表を提出して対抗した。抗議の火の手は一気に全国に飛び火した。帝大新聞も毎週、河合栄治郎や美濃部達吉の、京都大学問題と大学自治をめぐる論説を掲載するほか、高校にまで波及した反対運動の様子を伝えた。

京都大学では法学部全員の教授が辞表を提出した。しかし、その運動が他学部の教授を巻きこむまでには広がらなかった。

東大でも大学の自治を叫ぶのは美濃部教授と、帝大新聞五月二十九日号に「これは一京大法学部の問題でもなければ、一帝国大学の問題でもない。正に帝国大学全体の問題であり、更に全大学教育界の問題でもある。梧桐一葉落ちて天下の秋を知る」と書いた河合栄治郎教授くらいだった。

「美濃部さんはなぜもっと動かないんだ。法学部全教授の辞表を集めて、鳩山に迫ることくらい彼なら可能なはずだ」と三年生の細川達海が机を叩きながら言った。

「美濃部さんどころか、一番の問題は小野塚総長だろう。東大内が安泰であればいいと願っているとしか思えない。京都への支援一つない」と寺崎鉄男が嘆いた。

「教授陣が動かないのなら、学生だけでも京都、東京と連携すべきだ」と椎名力が返した。

ちょっと周りを見回すようにして、田宮虎彦が「これを見てくれ」と少しどもりながら、ポケットから折りたたんだ紙をとり出した。「赤門戦士」という見出しがあった。

「帝国主義戦争絶対反対。滝川教授支援連合学生大会。六月二十一日午前十時、三十一番教室美濃部講義に集結せよ」

殿木編集長が意を決したようにぼそりと言った。

「ペンは剣より強いことをここで示さないと、帝大新聞の今までの伝統が無駄になる」

その言葉に安治は「なにを大袈裟な」とちょっと思った。

少し唇の端が上になった。それを見て殿木が食ってかかった。

「花森、お前笑っている時じゃない。ここでふんばらないと俺たちはいつかめちゃくちゃにされるぞ。新聞の見出しを少しでも派手にして煽ろうじゃないか。学生たちが連帯していることだけでも伝えるんだ」

「京大総辞職教授支援、学生総退学も辞さず」

「滝川教授問題で東北大も動く／有志会も起つ」

「在京京大代表報告大会を計画東大高代会議動く」

昭和八年六月十九日　（二）

東大もつひに爆發
學の自由を高唱す
經文學生大會を敢行

学生たちの爆発を報じた記事
帝大新聞1933年6月19日号より

「文部当局への抗議四帝大学生連盟結成へ／文相こそ危険人物盛会の報告大演説会」

「東大もついに爆発／学の自由を高唱す／経文学生大会を敢行」

　学内における非合法運動の一切を禁じられていた東大で、まず経済学部の学生が動いた。逮捕者が九人出た。そして六月二十一日、田宮が持っていたビラのとおり、戦前で最大の学生集会が開かれることになった。

午前十時からの美濃部教授による講義は約七百人の法科学生を集めて、法文経三十一番教室で通常のように行われていた。教鞭をとりながら美濃部は、今日に限ってなぜこんなに学生の出席が多いのかといぶかっていた。十一時二十分を回った時だった。突然一人の学生が立ちあがり、決行と叫んだ。教室のあちらこちらから十数人の学生が教壇に駆け登り、美濃部を取り囲んだ。一人の学生が興奮しながらもていねいに美濃部に言った。

「講義を打ち切ってもらえませんか」

同時に五、六十人の学生がかばんから太縄を取り出し、すべての教室の入り口を封鎖した。用意した縄梯子を使って大教室の二階によじ登った学生たちは、北側の窓を開けると、「滝川教授即時復職」「学問の自由をよこせ」と大書きした白布をおろした。

「司会者を守れ」

「全国ボイコットへ」

「学生大会万歳」

三種のビラがばらまかれる中、法科代表の開会の辞に続き京大、東北大の代表が箇潔な経過報告と支持要望の熱弁をふるった。いつ本富士署と特高が襲ってくるかもしれない。安治は気が気ではなかった。その気持ちは教室にいるすべての学生のものだった。異常に緊張してだれもが押し黙り、壇上者を正視しながらその演説に聞き入った。終わると七百人近い学生が一斉に床を踏み鳴らし、拍手を送った。教室は興奮のるつぼと化した。代表者が「学園の自治、研究の自由を死守せよ」「教授団の奮起をうながす」「法科学生大会、万歳」と叫んだ。

その言葉の一つひとつを、そこに参加した学生全員が唱和した。

高揚した気持ちでスローガンを叫びながら、安治は周りを見回した。扇谷正造、岡倉古志郎、田宮虎彦たちトロッコの顔のほかに、関嘉彦、津川武一、今井正、畑和《はたやわら》、檀一雄《だんかずお》、杉浦明平、細田吉蔵たちの高揚した顔が見えた。美濃部は情けなさそうな顔をして教壇に立ちつくしていた。

集会は三十分しか続かなかった。やがて警官を満載した本富士署のトラックがやってきた。警官隊に教室が取り囲まれた。ドアを破壊して彼らは教室になだれこんできた。

逃げること。捕まらないこと。逃げること。警官の手が安治の肩をつかんだ。それを振り切って必死に逃げた。数十人の警官に踏みにじられ、ひきずられて行く学生の姿を目で追いながら逃げた。逃げねば捕まえられる。申し開きなど聞きいれられず、留置所に投げこまれる。そして凄惨な拷問が待っている。逃げるんだ。いいか、この日見たことをしっかり書くことだけが、自分に課せられた使命だ。安治は必死に校内を走った。バラック建てのドアを蹴散らして編集室に駆けこんだ。そのままペンを持った。そう自分にはペンがある。

「法学部学生も起ち／連合学生大会を開催／検束三十八名に上り／警察遂に教室に入る」

京大法学部は身内の他学部からも、東大や他の帝大法学部教授団からの支援もなく、孤立無援の戦いを続けた。しかも最初は全員が辞表を書いた法学部も、一人またひとりと切り崩されていった。結局、滝川幸辰のほか八教授と五名の助教授が大学を去って事件は収束した。夏休みに入ると、京都でも滝川事件への関心は一気に薄れて行った。東大で関心をもつものは、もうだれもいなかった。

復帰組と辞表組の感情的なもつれは、同じ関西学会圏にあっては、戦後も続いた。

新芽がいっせいに吹き出すようにして生い繁った、自由という青葉も一気に色あせていき、校内には重苦しい雰囲気だけが漂った。うっとうしい気分をはらすように、編集部のトロッコたちは七月五日、沼津からポンポン蒸気船に乗って戸田《へだ》港の東大戸田寮に向かった。夏の初めの開寮式を取材しようというのだ。六月中続いた滝川事件を早く忘れたかった。その記事はいつになく高揚感あふれるものになった。

「海山に夢はまどか／ビールの乾杯に、若さは夏の夜に溶けて／五日、戸田の開寮式」

安治たちはそのまま十日ほど戸田の海で過ごした。ばたばたと忙しく進んでいった滝川事件の日々が嘘のように、戸田の海は静かだった。

安治は毎日毎日着たきりすずめの合服一枚で暮していた。せっかく海にきたのだ、気分を変えたかった。といって着替えがあるわけではない。なにかないだろうか。寮に置いてある大判のバスタオルに眼が止まった。真ん中で二つに折って、襟ぐりのところを鋏で半円に切った。頭から被るとこれがなかなかいい。寝巻の紐を腰のあたりでしばるとオリンポスの神々のようになった。直線に折って裁っただけだから「直線裁ち」なんてどうだろう。ギリシャのあの襞の多い美しい服が、実は直線裁ちなのだ。脇の横があいてなかなかの風通しだ。同じものをもう一枚作った。ボートからざぶんと海に飛びこみ、上がると濡れた身体をそのまま拭いた。そしてもう一枚を頭から被った。

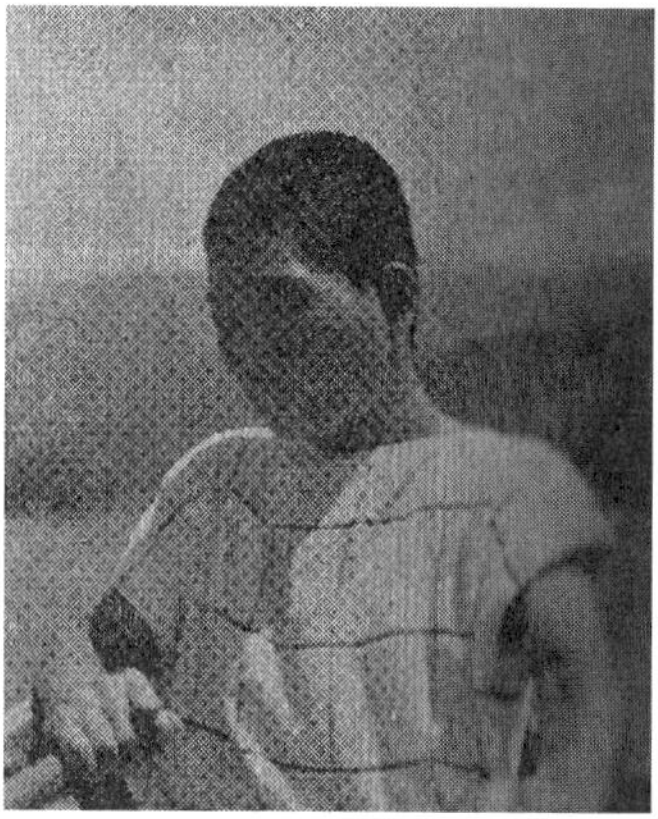

直線裁ちを着た花森安治
撮影＝木村伊兵衛「暮しの手帖」6号より

再びボートを漕いでいると、一隻のボートがやってきた。男は「君、その服は歴史的な服だよ」としきりに感心し、写真を撮らせてくれと言った。

日本工房のカメラマンで木村伊兵衛と名乗った。日本工房といえば名取洋之助が興したドイツ・バウハウスの流れを組む図案工房だ。そこのカメラマンがぜひ撮らせてくれというのだ。安治は喜んでポーズをとった。結局、直線裁ちで、安治は戸田の夏を押し通した。

これを着て、夕食にビールを飲んでいると涼しくて、最高だった。ポークカツとハムサラダなんていう、東京にいては食べられない、豪華なごちそうを前に盛り上がった。だが最後の話題は結局、滝川事件になった。

「しかし、なぜ鳩山一郎は執拗に滝川教授を狙ったんだ。そこのところがわからない」と伊東春三がビールを飲み干した。情報通の扇谷正造がしたり顔で答えた。

「元凶は蓑田《みのだ》胸喜《むねき》と菊池武夫だというもっぱらの噂だぜ」

「菊池武夫って貴族院議員の？　じゃ、蓑田胸喜というのはだれ？　なんだか気味の悪い名前だが、聞いたこともない」と安治がたずねた。

「『原理日本』という雑誌を出している、慶応予科から国士舘の教授になった、ごりごりの極右の右翼だ。『大政翼賛、臣道実践』って言葉知っているだろう。あのスローガンを考えた男だ」

扇谷はちょっと得意げな顔をして、ポークカツをほおばった。

「その胸喜が、満洲事変を批判していた滝川をなんとかしろと焚きつけて、菊池が貴族院で赤化教授の一人として批判したんだそうだ」と扇谷。

「だって滝川教授はマルキストでもなんでもなく、自由主義者だぜ」

驚きながら寺崎鉄男が言った。

「いや軍部にすれば、反共だけでなく、自由主義でもなんでも、この際潰せるものは全部潰しておきたいというのが本音さ。自分たちがやる前に、勝手に騒いでくれる蓑田胸喜や菊池武夫は、軍部にしてみればありがたい存在さ」

扇谷は持ったナイフで首を切るまねをした。その答えに田宮がつっかかった。

「じゃなぜ美濃部先生は京都へ支援の手を差し伸べなかった」

「滝川さんの法見解は、あまりにも下世話で、高尚好きの美濃部さんとしては肌合いが違うというもっぱらの話だぜ」と扇谷。

「というより、京都法曹界なにするものぞ、正統はわれら東大にありというのが美濃部先生の本音だろう」と日ごろみんなが感じていることを、細川達海がずばり言った。

「だから手を差し伸べなかったと？」

京都三高出だけに、田宮虎彦が怒ったように言った。

「ふーん、そんなことしていると、今度は美濃部さんが矢面に立たされるぜ」

と伊東春三があきれると、扇谷が混ぜ返した。

「京大より東大のほうが大変だったりしてな。原稿書くこちらも大変だ」

みんなが「そりゃ大変だ」と笑ってビールを飲んだ。

まさか、次の年にそれが本当になるとは、その時だれも思わなかった。


秋に杉浦明平が部員に加わり、安治たちの仕事はいくらか楽になった。

安治が最初に「あれっ、なんだろう」と違和感をもったのは、一九三四年の一月二十九日号の論説欄の割り付けをしている時だった。

貴族院議員でもある美濃部達吉が「第六十五議会雑観」という原稿を書いたのだ。

しかし、今まで帝大新聞に議会のことを書くことは一度もなかった。よほど書く材料がなかったのだろうか。先生にしてはめずらしいなと思った。それとも美濃部は、議会雑観を書き出した時、やがて自分が俎上に上がると予感でもしていたのだろうか。「第六十五議会雑観」三回目の割り付けをしようとして安治は驚いてしまった。表題が「憲法学説弁妄《べんもう》、菊池武夫氏の演説に付いて」とあった。

元陸軍中将の菊池武夫議員が議会で、美濃部の天皇機関説の著書『憲法撮要《けんぽうさつよう》』を取り上げた。天皇を西洋や支那の皇帝と同じようにとり扱うとは何事か、国体精神を喪失している証拠で、こんな学者はこの委員会から追い払うべきだとぶったのだ。

突然、菊池に名指しで批判された美濃部の筆は怒りに満ちていた。

「私の著書の名とその一節とを挙げ、これを以てわが国体に反するものと為し、斯の如き学説を一掃するのでなければ、国家の興隆は期することを得ないと、極端な言を以て疾呼して居る」

「貴族院の本会議において（略）帝国大学の全体を誹謗したのであるから、大学の名誉のためにも、一言その妄を弁じて置く必要が有ると思う」

編集室に法学部の椎名力が入ってきた。安治は黙って今組んだ美濃部の原稿を差し出した。椎名は読み終わるなり、「やっかいなことになったな」と言った。

「高校で習ったうろおぼえでいうと、美濃部先生の天皇機関説というのは、国家を治めて陸海軍を総指揮するのは天皇だけれど、その天皇のもとで議会や内閣が立憲精神に基づいて国家を運営していく、というものですよね」と椎名にたずねた。

「そのとおり。実際日本は明治からそのように統治されてきた。先生が最初に天皇機関説を言い出したのは、大正元年の『憲法講話』だ。以来、日本の憲法学者の九割近くが美濃部学説のもとに成り立っている」

安治が生まれた次の年から天皇機関説はあったのか。自分とほぼ同じ年齢の学説が、急に身近なものに安治には感じられた。

「それが今ごろ急になぜ問題になるのです」

「時代が変われば、憲法をいろいろ都合よく解釈したがる人間もいるさ。たとえば北一輝《いっき》のように、天皇が運営機関なのだという人間もいる。軍部にとってはありがたい説さ」

椎名は大きく深いため息をつくとさらにつけたした。

「滝川事件以上にやっかいかもしれない。奴ら本丸を攻めてきた」

しかし、安治や椎名の心配は杞憂に終わったようだった。

美濃部の「第六十五議会雑観」の四回目は、文部大臣の辞職を取り上げていた。問題がこれ以上広がらず、ほっとしながら安治は「学生一千を灼熱の満洲へ」という見出しを組んだ。昨年三月一日に皇帝愛新覚羅溥儀《アイシンチュエルオプーイー》を擁立してできた満洲国へ、この夏学生視察団を送るのだという。なにか釈然としないものを感じながら、安治は二年生になった。

殿木に代って椎名力が留年して編集長をやることになった。

去年と同様、銀杏並木の銀杏の木に新聞部員募集のビラが貼り出された。あれから一年がたったかと思いながら、安治はそのビラを見つめた。肩を叩かれた。振り返ると端正な顔に満面の笑みを浮かべた田所太郎が立っていた。そうか高校を一年留年した田所も、無事東大に合格したのか。お互い偶然の再会に手を取り合って喜んだ。

ほかの大学に行った連中も集めて、田所は淞高の同窓会をやりたがった。

「やるんだったら無届け集会で持っていかれること覚悟でな」

と安治が笑うと、東京はそこまできたのかと田所は驚いた。

それは杉浦明平から聞いた話だ。豊橋高校を出た杉浦たちが同窓会をしていると、憲兵が無届け集会だと会場に駆けこんできて、みんな震えあがったというのだ。

昨年の法学部の七百人集会以来、本富士署はぴりぴりの状態だった。

で、大学でなにをすると安治が聞くと、まだ考えていないと田所は頭を横に振った。

「新聞を一緒にやらないか。十円になる」と誘うと、貧乏な田所は「やる。やりたい」と眼を輝かせた。面接があると聞いて受かるかなと心配した。

「大丈夫、面接官はぼくだから」と安治は、編集部に田所を連れて行った。

半年前の安治と椎名編集長の不安が六月六日、現実になった。

蓑田胸喜が内務省に『憲法撮要』の発禁処分を申請したのだ。菊池武夫と蓑田胸喜。滝川事件と同じだ。京都帝大という外堀を埋めた二人は、今度は東京帝大という内堀を埋めにくる。あの時京大に手を差し伸べなかったことは、美濃部先生の禍根になるのではないか。いや、京都と違って、東京帝大には美濃部達吉のほかに河合栄治郎、矢内原忠雄、大内兵衛といるから大丈夫だろう。椎名が言うとおり、天皇機関説は二十年以上生きてきた学説なのだと、安治の心は揺れ動いた。

蓑田胸喜の申請は受け入れられず、安治はほっとして、夏の休暇をとることにした。

去年は伊豆の海でひと夏を過ごした。今年の夏は松江にでも行って、どこかの部屋を借りてゆっくり過ごしたい。

東京駅で切符を買うために並んでいた。安治の前には着物姿の美しい女性が立っていて、ちょっとどぎまぎした。列が縮まり、女性の番がきた。「松江一枚」と言ったので驚いた。こんなにたくさんの客が並ぶ駅で、同じ行き先の客が二人並ぶなんて。安治の番がきて「松江、一枚」と言った。買い求めた切符を巾着に入れようとしていた女性が、安治の声を聞いて、やはり驚いたように眼をあげた。美しい人だった。

千鳥城の外濠の近くのお茶のお師匠さんの家の二階を、ひと夏借りた。夕方になると疏水を流れる水が涼を運んできた。今年の夏も去年の直線裁ちで過ごすことにした。

「学生さん、お菓子一緒に召し上がりません。京都からの御土産です」

お茶のお師匠さんの声に誘われて茶室に降りて驚いた。東京駅で安治の前に並んでいた女性が茶室に座っていた。

美しい人だと再び思った。

京都で途中下車し、友だちの家でしばらくやっかいになり、ようやく松江に帰ったという。安治は直線裁ちの裾を膝のところでていねいに折りこみ、正座して、その人の点てた濃茶を飲んだ。

京都の老舗、亀屋陸奥の和菓子「松風」がおいしかった。

それから女性が稽古にくる日は、なんとなくそわそわした。狭い町なので何度か町でその人とばったり出くわした。女性が天神町にのれんのかかる、大きな老舗の呉服問屋山内《やまのうち》の娘で、名前をももよというと知った時には、安治が松江から東京に帰る季節になっていた。

軍事教練の授業に出ていた岡倉古志郎が、丸めた冊子を手にして編集室に現れた。

「馬鹿ばかしいたりゃ、ありゃしない」と冊子を樫の大きな机にぽんと放り投げた。

カットを描いていた安治はなにごとだろうと手を止めた。

「なんだい」と聞くと、岡倉はその冊子を顎でさした。

陸軍省新聞班が出した「国防の本義と其強化の提唱」という五十ページくらいの厚さの冊子だった。開くと「戦いは創造の父、文化の母である」と大きく勇ましい文字が飛びこんできた。

「今日の軍事教練の授業など、頭から全部これだぜ。陸軍はこのパンフレットを十六万部も刷ったというんだから、正気の沙汰じゃない。読んでみろよ」

パラパラとめくるとなんとも勇ましい言葉が次々現れた。


「未曾有の政治、経済的不均衡、不安定から運命的に出現した、世界的非常時の結果、英米との正面衝突、ソビエトとの満洲をめぐっての武力衝突と戦争」

「軍備を精一杯充実させることはもちろん外交・経済・社会政策、資源獲得、技術開発、通信、情報、宣伝、教育などあらゆる側面で国防中心の国家作りをすることが急務」

「利己的個人主義的資本主義を排し、国家社会主義的経済体制への移行」

「個人主義、自由主義を排し、尽忠報国、自己滅却、挙国一致の精神統制によって皇国必勝」

「ふーん、軍事教練なんて出たことないから、ここまできてるとは知らなかったな。それにしても『戦いは創造の父、文化の母』とは」

安治はその冊子の惹句にあきれ返りながら言った。

「おいあれ読んだかい。美濃部先生もなかなかやるな。自由こそ文化の母だなんて」

と十月の末に扇谷正造に言われた時、あれがなにを指すのか安治はわからなかった。

「あれって」

「読んでないのか、『中央公論』の十一月号さ。ならすぐ読んでみろ」

「中央公論」は美濃部達吉を筆頭に五人の評論家の「陸軍国策の総批判」の特集を組んでいた。

美濃部は、国際主義を否定するような極端な国家主義と、大日本帝国、帝国と公称されている日本国名を、勝手に皇国と呼ぶ軍部の独自主義を強く批判し、こう切り捨てていた。

「個人的な自由こそ実に創造の父であり、文化の母である」

そのしっぺ返しはすぐにきた。

十一月二十八日、再び蓑田胸喜が司法省に美濃部の『憲法撮要』を不敬罪で告発した。

翌一九三五年、美濃部への攻撃は一気に高まった。「国体擁護連合会」が美濃部批判と退官要求の冊子を、陸軍の冊子以上の部数で配布した。

衆議院でも江藤源九郎議員が、美濃部の著書を出版法違反で処分するべきと迫った。最初の告発から約一年後の二月十八日、菊池武夫が再び貴族院で美濃部攻撃を開始した。昨年は自分の所感を述べただけだったが、今回は美濃部にその弁明を求めた。

二月二十五日、美濃部は満席の貴族院で、二時間にわたって「一身上の弁明」の演説をした。

第一に天皇は国家の最高機関であり、天皇御一身の利益のために統治権を行使するものではなく、国家の福利のために行使するものであること。第二に天皇の統治は無制限の権力をもつものではなく、憲法の条文によって制限を受け、ことに議会は原則として天皇の命令に服するものではないと、昨年帝大新聞に書いたと同様の主張を説いた。

これで昨年同様、火の手は消え、京大のようにはならないだろうと安心しながら、安治は「一身上の弁明」の要旨記事を組んだ。

しかし、菊池は今回は作戦を変えてきた。林銑十郎陸軍大臣に天皇機関説の見解を何度も迫った。初めは憲法に関して法律上の解釈を答える立場にないと逃げていた林だったが、

「皇軍の本領は外敵に対するのみならず、皇軍の第一義は国体の擁護にあり、即ち天皇親政の擁護にあり。この機関説を国外に放逐する意志有や無きや。率直にご答弁願います」

と、美濃部の指摘した皇軍を逆手にとった、菊池の執拗な質問に林銑十郎がついに答えた。

「私どもは天皇機関説というような事柄は適当でないと、承服して居らないのであります。従ってそういう説が消滅して、国体思想が純一になることを希望しております」

これにより、帝国在郷軍人会が各地で天皇機関説排撃運動を起こしていった。

その声に押されるようにして四月二日、林陸軍大臣の演説は強い口調になった。

「陸軍は天皇機関説に絶対反対であり、その絶滅を速やかに期す」

その演説を聞きながら安治は三年生になった。

陸軍省の要求を受けて文部省は、全国の中学校に天皇が統治権の主体であると明示した、「国体明徴《めいちよう》声明」を訓令し、各大学には天皇機関説の教えを避けるよう指導した。新学期の大学の憲法の授業から次々と天皇機関説にもとづく講義が消えていった。へそ曲がりの癖のある安治は、ならば今年は美濃部教授の憲法講義を受講してみようと思っていたが、それもままならなかった。

内務省は美濃部達吉の『逐条憲法精義《ちくじようけんぽうせいぎ》』『憲法撮要』ほか主要著作を社会の安寧秩序妨害として発禁処分とした。

四月七日の東京日日新聞には美濃部の談話が載った。

「発禁になった『逐条憲法精義』は十二版、『憲法撮要』は五版を重ねている。いずれも十数年前から発刊しているのに、今日になってなぜ発禁処分を受けないといけないのだろう。あの著書が法令に触れるものなら、今日まで見逃してきた歴代の内務大臣には当然責任があるだろう。また自分の学説が悪いと言うのなら、昨年まで長い間大学教授として憲法講義を受け持った自分を処分しなかった歴代の大学総長や文部大臣にも必然的に責任が生じるのでないか」

京大滝川事件では教授たちの連携はなかったとはいえ、全国の学生が動き、帝大新聞も連日事件を報道できたが、天皇機関説事件では全国の大学が黙りこみ、学生の連携もならず、だれもが沈黙した。滝川事件で外堀が埋まり、美濃部事件で内堀が埋められ、大学はひっそりとしていた。

帝大新聞が天皇機関説と美濃部問題の論説を特集したいと思っても、ほとんどの人が筆を執ろうとしなかった。そんな中で河合栄治郎教授が帝大新聞一九三五年四月十五日号に「美濃部問題の批判」を書いてくれた。

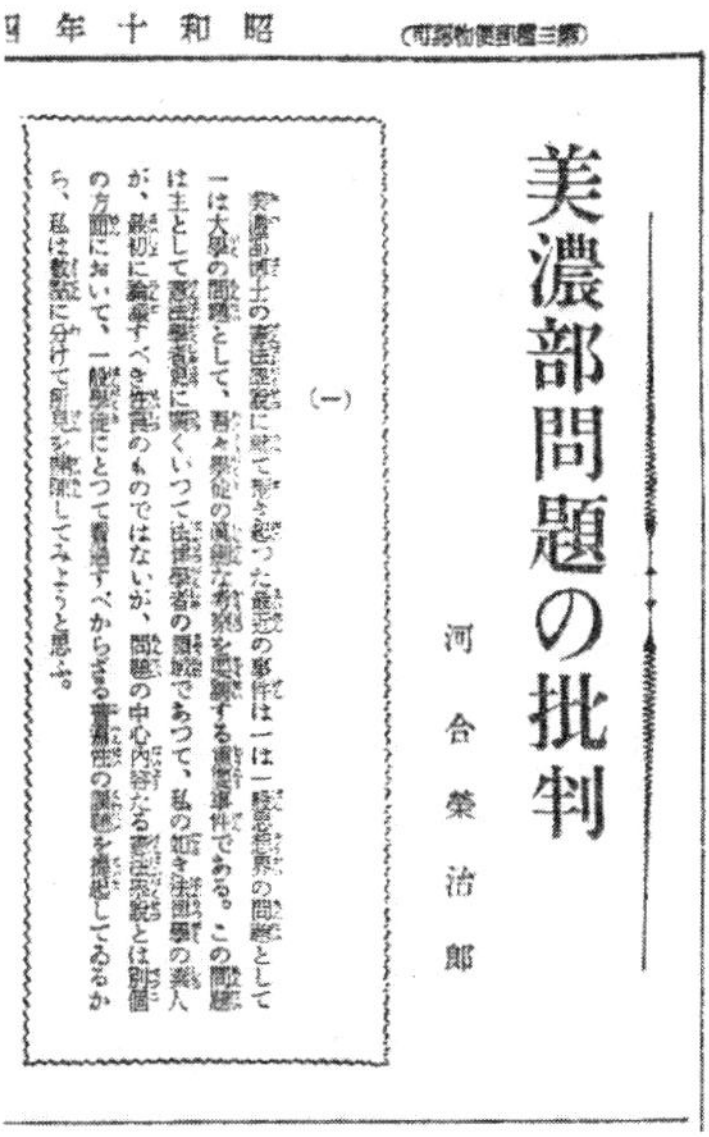
(第三種郵便物認可)　昭和十年

美濃部問題の批判

河合榮治郎

(一)

美濃部問題に関する河合論文
帝大新聞 1935年4月15日号より

安治は怒りを込めながら、河合の原稿の見出し横に、ぎざぎざの細い横線で描いたペンのイラストを添えた。論文の起章を少しでも目立たせようと、波状の飾り罫の中に余白を残して入れた。

河合は科学と信仰が矛

盾した場合にいかにその矛盾を克服するか、法律学説はいかに取り扱われるべきか、美濃部学説は今回正当に理解され、正当に処理されたのかを分析し、美濃部達吉を擁護した。そして今日の事件の取り扱い方は、悠久なる国民生活の動向にとって賢明であったかと疑問を投げかけ、最後にこう結んだ。

「武人は死を賭して邦家を護る、学徒亦国を憂える衷情、敢て一文を草する次第である」

天皇機関説問題に対して、身を挺して敢然と軍部を批判したのは河合栄治郎だけだった。

学生たちはその日の帝大新聞を奪うようにして読み、河合の論文に感激した。

美濃部達吉の講義はなくなり、美濃部は帝大新聞理事長の座も降りた。司法省から出されていた不敬罪告発は九月十八日、起訴猶予処分となり、美濃部は貴族院議員を辞職した。

「国体明徴」「皇軍」「現人神」などという聞きなれない言葉だけが独り歩きしていた。

しかし、美濃部達吉が天皇機関説の責任も取らされず、不敬罪で逮捕すらされないことに、軍部の若手将校や、蓑田胸喜たち極右思想の持ち主たちの不満はたまり続けた。

帝大新聞は安治が入学した年に十ページ建てにしたにもかかわらず、もう広告の残稿が山積みになるほど好況を博していた。そこで少しでも広告掲載を多くしようと、十二ページ建てに増やした。一般紙にもひけをとらない堂々としたページ建てだった。

その恩恵は田宮虎彦にめぐってきた。書評欄が増えたため筆者不足になった。その年の五月には帝大新聞の先輩の渋川驍の紹介で同人誌「日暦」の同人となった田宮虎彦は「無花果」を発表し、第一回芥川賞候補作の高見順の「故旧忘れ得べき」とともに評判になっていた。その田宮が、尾崎士郎の「待機」を評した「溢れる愛情」で、書評家として紙面に初登場したのだ。原稿を割り付けながら、安治は自分のことのように嬉しかった。トロッコが署名入り原稿を書くなど、帝大新聞の長い歴史の中でもほとんどなかった。以後、野上彌生子の「哀しき少年」を論じるなど、帝大新聞にとって田宮は書評家として、なくてはならない存在になっていった。

田宮のデビューは幸いだったが、増ページのつけはわずか十数名のトロッコの肩に重くのしかかった。仕事は忙しくなる一方、給料は据え置かれたままだった。

安治は新聞を編集しながらも、賃上げを社長の野沢隆一と粘り強く交渉する責任者として前面に立った。ストやサボタージュの戦略ならだれにでも立てられる。そこを安治は編集を確実に続けながら、根気よく交渉していった。いつも冗談を言って人を笑わせている安治があんなに頑張るとは。安治のそこが特性なのだと、杉浦明平は新たな面を見いだし驚いた。

一年生十五円、二年生二十円、三年生二十五円に賃上げと編集部員増を、安治は粘り強い交渉の結果、勝ち取った。俺などと違いこの男の粘り強さは将来役に立つ時がきっとくると、増額した給料袋を覗きこみながら、杉浦は確信した。

安治が先頭をきって社長の野沢と渡り合ったのには理由があった。

松江の呉服問屋の娘、山内ももよと一九三五年十月十八日山王の日枝神社で挙式したのだ。家の格が違うと反対された結婚だった。牛込簞笥町《うしごめたんす》の長屋の奥の借家での新婚生活だった。

トロッコたちを呼んで、ももよの手料理をふるまった。学校の近くの中華屋から失敬してきた鉢や小皿で料理を出すしかない生活だった。

大学三年で結婚したといっても、入学以来授業にはほとんど出たことはなかった。

安治が留年を覚悟した一九三六年二月二十一日の九時半のことだった。

美濃部達吉は妻が外出するというので、書斎から玄関口のほうを見やった。

「変な奴らがうろついているかもしれない、気をつけて」と声をかけた。

天皇機関説問題が起きてから自宅には続々と脅迫状が送られてきていた。美濃部の起訴猶予が決まってからは、その数はなお増え、多い時には一日何十通にもなった。

妻の下駄の音が消えたと思っていると、再び慌ただしくその音が戻ってきた。玄関の戸が開くと、下駄も脱がず怯えた顔で妻が書斎に駆けこんできた。美濃部が玄関を見やった。あまり人相のよくない和服の男が、果物籠を持って立っていた。いつもの見護りの巡査が男のそばに立ち、ここから立ち退きなさいと言った。男は果物籠の赤いリボンをほどき、籠の底を見せるとにやりと笑った。底にはピストルが入っていた。それを見るなり、美濃部は書斎から裏手に逃げた。発砲音が鳴り響いた。弾が身体の横を突き抜けていった。走った。撃たれた。裏手の門のそばで激痛に襲われて転んだ。いつもの巡査が美濃部の身体めがけて覆いかぶさってきた。和服の男は重なり合う二人の男の間にピストルを撃ち続けた。巡査が応戦した。突然、和服の男は身を翻すと駆け去った。巡査の身体を重く感じながら、美濃部は身を起こした。

弾を六発撃ちこまれて巡査は死んでいた。美濃部は東京帝大病院に運びこまれた。

それから五日後の雪の日に、その事件は起きた。

安治たち学生の側からみれば、滝川事件から美濃部事件へと、陸軍や極右思想の持ち主たちが、大手を振って大学構内を踏み荒らす日々だった。

一方決起した青年将校たちにとっては、美濃部達吉さえ起訴できない苛立ちが引き起こした事件だった。美濃部襲撃の報がさらに決起者千四百八十三名の気持ちを鼓舞した。その事件はまさに天皇機関説が引き金となった。世にいう二・二六事件だ。

新聞社に勤める先輩から事件を知らされた安治は、本郷へ急いだ。朝日新聞社も襲われたという。東大が襲われるかもしれないともっぱらの噂だと、その先輩は話してくれた。

雪の降り積もった銀杏並木を、数人の学生がなにも言わず黙々と歩いているだけだった。この構内にはもうなにも言う人がいなくなった。こんな時だからこそ、だれかがなにかを言わないといけない。臨時の編集会議が急いで開かれ、久々に議論は熱くなった。

編集長の椎名力が美濃部事件の時に唯一筆を執ってくれた河合栄治郎と蠟山政道《ろうやままさみち》に託そうと結論づけた。そのことで帝大新聞になにかが起きるかもしれない。その覚悟だけは必要だった。

社長の野沢隆一に相談した。帝大新聞としてやろうと野沢が言ってくれた。

河合は研究室のストーブに指をかざし、寒そうにしながら「書きましょう」と言った。

河合栄治郎の原稿が少しでも多く読まれることを願って、安治は見出しの下地に細かくていねいに文様を描きこんだ。そこに「非常時局の分析」と題字を置いた。それを飾り罫で囲んだ。

「二・二六事件に就いて　河合栄治郎」の文字を、十分な余白の中に配した。

ファッシストの何よりも非なるは、一部少数のものが×力を行使して、国民多数の意志を蹂躙するに在る。（略）何等か革新的であるかの印象を与えつつ、而もその内容が不明なることが、ファッシズムが一部の人を牽引する秘訣なのである。それ自身異なる目的を抱くものが、夫々の希望をファッシズムに投影して、自己満足に陶酔しているのである。（略）事件は突如として今日現れたのでなくて、由って来れる所遠きに在る。満洲事変以来台頭し来れるファッシズムに対して、若し××にその人あらば、夙に英断を以て抑止すべきであった。

昭和十一年三月九日

非常時局の分析

二・二六事件に就いて

河合栄治郎

二・二六事件に関する河合論文
帝大新聞1936年3月9日号より

（略）此の時に当り往々にして知識階級の囁くを聞く、此の×力の前にいかに吾々の無力なることよと。だが此の無力感の中には、暗に暴力讃美の危険なる心理が潜んでいる。そして之こそファッシズムを醸成する温床である。（×印は伏字）

それは暴力に対する厳しい批判だった。二・二六事件に驚愕した世間なのに、一般紙や論壇からはなにも批判の声が上がらなかった。なにかを言うことを憚る雰囲気が日本全土を襲っていた。その中で唯一批判したのが帝大新聞であり、河合栄治郎だった。

安治は発行された帝大新聞の評判が心配で、正門前に仮設された販売所に様子を見に行った。帝大新聞を学生たちは争って買った。その場で開いてなめるように読んでいた。河合の論文の横には蠟山政道の「秩序ある進歩を望む／時局収拾策について」が載っていた。

「ここまで書いてもいいのか」

「今度は河合教授が襲われるのでは」

そんな興奮した声が聞かれた。

だれもが黙っている状況で、なんとか帝大新聞を発行できて安治はほっとした。

河合栄治郎に政府から報復がきた。この年五月、それまで七年間続けた文官試験委員を外された。そして翌三月には経済学部長の座を自発的に辞任させられた。

椎名力編集長に代わり、安治の同期から、石神清が帝大新聞編集長に就いた。

留年した年の十一月から十二月に安治は「社会学的美学の立場から見た衣粧」と題する卒論を書いた。衣粧は衣裳と化粧を合わせた安治の造語だった。

ギリシャ時代の直線裁ちから始まって、徳川封建制度を作りあげたのは、家康の衣裳制度だったと結論づけるユニークなものだった。

書き上げた時には、これぞ世界初の衣裳美学に関する論文だと自負した。

事件から一年後の帝大新聞三月一日号に、河合栄治郎は「二・二六事件の回顧」を書いた。次々と役職を追われ、時代の波に抗しきれずもがく河合のその論文からは、一年前の憤りが消えていた。

その論説の割り付けをして、安治の帝大新聞の四年間は終わった。

湿った匂いのする、うすら寒いバラック建ての編集室に安治は立った。紙くずが散らかり放題で、うらぶれた感じは否めなかった。その中でガスストーブがひっそりと燃えていた。

この火にあたりながら、いつもだれかが「なにか、かぁーとすることはないかな」

と言い出した。

しかし、滝川事件、天皇機関説問題、二・二六事件と、心の寒さはストーブだけではどうにもならなかったと思いながら、安治は黙って四年の間に、溜めにためた私物を整理した。

帝大新聞社長野沢隆一は後の一九四八年の東京大学新聞で、安治たちが過ごした四年間を「同人が蒔いた善意の種」と題して、こう書いた。


昭和初期から大戦争に突入する迄思想的にも政治的にも日本史上実に大きな変転の流れであったが、大学という知識社会の背景の下に指導的立場に立ったということの意義は大きい。そして新聞の立場が終始進歩的方向を失わず、大学の底を流れる伝統と共に反動的なものの非合理的なものとの闘争を続けてきたということ、挙げて数うべくもないが、いわゆる美濃部事件、河合事件の如きはその露頭の一つにすぎないが、これ等の闘いこそ新聞の生命でもあった。(略) あのささやかな一室の純情な謀議が歴史的にも正しいものであった事に当時の同人はひそかに誇りを感ずるに相違ない。

四　松花江《スンガリ》の夕映え

安治が佐野繁次郎《しげじろう》と初めて会ったのは、帝大新聞に入ってすぐの一九三三年六月のことだった。

松江高校時代に横光利一の小説が好きになった。校友会雑誌二十号には、横光の文体を模した「泣きわらい」を書いた。そのくらい横光利一にはまっていた。横光の『寝園』を読んで、挿絵が気にいった。この挿絵画家はだれ、と興味をもったのが佐野繁次郎との出会いだった。

大阪船場の筆墨商の息子に生まれた佐野繁次郎は小さなころから絵筆を握り、その才能を発揮した。パリに渡ってアンリ・マチスに師事し、ミロとも交友をもった自由人だった。

安治は帝大新聞で文芸担当となった以上、前から憧れていた佐野にぜひ絵と文章を書いて欲しいと申し出た。

頼まれた佐野は、松江から出てきたばかりの男がどこで自分を知ったのかと、興味

「絵具で描いた文章」の見出し
帝大新聞1933年5月25日号より

をもちながら、これからやってくる夏への所感「夏裸坐談」を書いた。

安治が掲載紙の帝大新聞を持って挨拶にきた。それを見て佐野は驚いた。自分の随筆と絵は硲《はざま》伊之助、中川一政、林重義の三人の画家と一緒に「絵具で描いた文章」というタイトル特集のもとに組まれていた。佐野を驚かせたのは、その特集の見出しデザインだった。三段抜きの空間に筆で描かれた表題。それを黒地の紙の上に白の絵具で細かく描きこんだレースの刺繍《ししゅう》で囲みこんでいた。新聞の一面から順にめくって行って、六面にきたところで、いやでも特集表題に眼が行くように仕組んであった。四人の画家の挿絵を完全に食っているのだ。中川一政の蟹にも、自分の浴衣の女にも、眼がいかない仕かけになっている。やられたな。自分を含め、四人の画家相手に勝負をかけてきた花森安治という男に改めて興味をもった。

聞けばまだ二十一歳だという。この若さでこの才能。自分の手元において鍛えればおもしろい人物に育つかもしれない。

しかし佐野がそれを口に出して言うことはなかった。

画家の柳瀬正夢《まさむ》が安治の絵を見て、すぐに大学を辞めて画家の道に進むことを真剣に勧めたことがあった。その時安治は取り合わなかったが、高校時代から敬愛する佐野がもしこの時、真剣に誘っていたら、安治の人生もまた違ったものになったのかもしれない。

原稿をもらえたことに満足したのか、安治がその後佐野のもとに現れることはなかった。

佐野が安治と初めて会ってから三年の月日がたっていた。あの男も大学を卒業してどうしただろうかとたまに思った。それくらい強烈な印象を安治は佐野の中に残していた。

佐野繁次郎が伊東胡蝶園《こちょうえん》の総務部長、五所正吉《ごしょしょうきち》に呼ばれたのは、一九三五（昭和十）年のことだ。

明治時代には白粉の原料に有鉛材料を使っていた。確かに白さは際立つが、常用する歌舞伎役者が次々倒れるなど、危険性は早くから叫ばれていた。そこで伊東胡蝶園では一九〇六（明治三十九）年に無鉛の「御園白粉《みそのおしろい》」を発売した。化粧業界でも徐々に無鉛が主流になり、ついに一九三四年、有鉛白粉は販売禁止になった。無鉛白粉の競争激化が目に見えていた。発売以来三十年たち衰えの見える「御園白粉」の代わりに、伊東胡蝶園では新商品を発売することになった。名前は胡蝶の学名「パピリオ」にした。

宣伝責任者も兼ねていた五所正吉は容器デザイン、広告のすべてを佐野繁次郎に依頼した。佐野が即興でクレヨン描きした「パピリオ白粉」の文字はなかなか軽妙で、明るい色彩にみちていた。マチスから学んだ、クレヨンと切り抜いた紙や布を貼りあわせて作る、パピエ・コレと呼ばれる即興の世界だった。

たった一つのデザインがその時代の空気を体現し、あれよあれよという間に時代の寵児になる。いつの時代にも優れたデザインは、そんな不思議な力をもっている。

佐野繁次郎の「パピリオ」の文字がそうだった。国際連盟脱退以来、人々の生活の中には、なんとなく重苦しい雰囲気が漂っていた。パピリオの描き文字には、そんな閉塞感を一瞬忘れさせる軽妙さがあった。若い女性たちの心をつかんだ。パピリオ白粉に次いでパピリオ口紅がすぐに出た。

時代の気分を一瞬で切り取ってしまった、パピリオの文字に安治も注目していた。調べてみたら三年前帝大新聞に原稿を書いてもらった佐野繁次郎の仕事だった。そうえばあれ以来原稿を書いてもらっていない。なにか書いてもらおう。留年した一九三六年四月、安治は久しぶりに佐野のもとを訪ねた。

あの洒脱なデザインで、自分の絵を食ってしまった男のことを、佐野はよく覚えていた。安治の求めに気軽に応じた。芸術とはどうあるべきかを問うのではなく、どこまでできているかを問うものだと、西鶴と上田秋成を例に随筆「この頃」を書いた。丸い文様のカットを添えて渡した。

五月四日号の掲載紙を持って、安治が再び佐野のもとにやってきた。松江から出てきたばかりのころに比べると、この男もずいぶん大人びたものだと思いながら聞くと、昨年の十月に結婚をしたという。なるほど立派な大人のわけだ。しかし学生結婚では大変だろう。

帝大新聞の給料は最近やっと上がって、一年生十五円、二年生二十円、三年生二十五円で、留年した自分は今年も二十五円ですと笑ったあとで、安治はちょっと真剣な顔をして佐野に言った。

「私を使ってもらえませんか」

この男に自分の培ってきた技術のすべてを教えるのもいいかもしれない。この男なら名前のとおりそこに花を咲かせ森にするだろう。佐野は「いつから」と聞いた。

「明日からでも」と勢いづく安治に「いくら欲しい」と聞いた。

安治はちょっと考えてから「五十五円」と言った。本当は六十五円と言いたかったが、遠慮した。

「よし、明日からきてくれ」

と佐野が言い、次の日から安治はパピリオ化粧品というよりも、佐野繁次郎のもとに通い出した。

佐野の場合、手をとってなにかを教えるというのではない。多くの芸術がそうであるように、師弟は毎日一緒に暮し、一緒に仕事をし、その中からなにかを学び、盗むしかない。やがてその男の血の中に師という大量の血が流れこみ、混ざりあう。ここで多くの場合はその血に拒絶反応を起こし、廃人同様に落ちていく。しかし、まれに流れこんだ血を堰き止め、自分の血と練り合わせることで、独自の血の結晶を作り出す人間がいる。佐野自身そんな男の出現をずっと待っていた。安治は佐野が待つにふさわしい才能の持ち主だった。

注いでも注いでも安治の血が、佐野繁次郎を拒絶することはなかった。安治は佐野の明るい色彩感覚やデザイン感覚を思いきり吸収していった。安治が書いて送った手紙を、佐野の妻は、自分の夫が書いてよこした手紙だと信じて疑わなかったほど、安治が佐野の書体を手中にするのに時間はかからなかった。

安治の大学卒業の餞《はなむけ》に、佐野は一九三七年三月二十七日号の帝大新聞に「おぢの人物」という随筆と、大阪船場の商家の裏木戸の絵を描いた。安治のデザイン、カットは、その号を最後に、帝大新聞では見られなくなった。

大学を出ても安治はそのまま、パピリオ化粧品というよりも佐野繁次郎のもとで働いた。

卒業と同時に四月十五日、長女が誕生した。

自分より優れた子に育つよう、「出藍《しゅつらん》の誉れ」からとって花森藍生《あおい》と名づけた。

佐野繁次郎には何人かの弟子がいたが、この一年で安治はもう一番弟子として仕事の切り盛りを任されていた。安治は「ずっと外国品ばかりの方比べて下さい」と広告文案を書き、佐野によく似た描き文字で新聞広告を作った。

七月七日、新聞は盧溝橋《ろこうきょう》で日中が衝突したことを伝えていた。四日後、その事件は「北支事変」と名づけられた。まさかその記事が、安治の身にすぐふりかかってくるとは考えてもみなかった。そんなことより、大事なことがあった。

二十二歳の若さで五年前に、日活京都で「磯の源太　抱寝の長脇差」を初監督した山中貞雄だ。松江の駅前の映画館で観ていて、思わずうなり声を出してしまうくらいのすばらしいでき栄えだった。その山中がＰＣＬ砧撮影所に移り、移籍第一作「人情紙風船」が公開されるのだ。

八月二十五日の封切り日にさっそく観に行った。権力に歯向かう長屋住民の心意気と破たん。それは帝大新聞時代の安治自身だった。江戸を舞台に借りた、山中貞雄の時代を描く感覚は鋭かった。もっと驚いたのは映画が始まる前に「挙国一致」「銃後を護れ」という文字が、スクリーンに浮かび上がったことだ。映画館もこんな時代になった。安治はこの映画の先行きに、なぜかいいしれぬ不安をもった。

このところパピリオの社内でも、話題はもっぱら赤紙だ。仕事を終えるとだれかが何気なく「帰ったら赤紙がきてたりして」と冗談とも本気ともつかず言った。それがふだんの帰りの会話になった。「そんなことないだろう」となぐさめた相手が、次の日出社すると青ざめていた。

九月三日の新聞には北支事変のことは今後支那事変と呼ぶとあった。中国大陸での戦火が拡大されるのだろうか。果たして自分はどうだろうと、不安がよぎった。卒業と同時に徴兵検査があり、甲種合格していた。確かにいつ兵隊にとられてもおかしくない身だった。

「人情紙風船」が封切られた日に、山中貞雄に召集令状がきて出征したと新聞にあった。あの日映画を観ながら覚えた不安は確かに現実となった。

その二週間後、新聞は映画監督小津安二郎、新劇俳優友田恭助の出征を報じた。小津安二郎は「父ありき」の脚本を脱稿した次の日の出征だと報じていた。

友田恭助は一九二四（大正十三）年築地小劇場の創設に参加し、三二年には妻の田村秋子と築地座を旗揚げ、次々に話題作を上演していた。「友田はいい」と佐野に勧められて以来、安治はこの二年近く友田の舞台を極力観るようにしてきた。築地座の顧問をしていた岸田國士《くにお》が岩田豊雄、久保田万太郎と組んで、文学座をこの秋旗揚げし、友田恭助も参加することになっていた。これまで培ってきた友田の技量が、この三人を相手に十分に花開くだろうと、だれもが期待した直前の、友田恭助三十八歳の出征だった。

その友田の死を知ったのは、十月六日のことだった。新聞には丸坊主になって名前を書いたたすきをかけた友田の写真の横に、友田恭助戦死とでかでかと出ていた。上海郊外の呉淞《ウースン》の戦線で「決死隊よしやろう」と自ら進んで名乗り出たという。クリークの向こう側の土手に倒れたところへ水が増してきた。動かなくなった友田の足を浸した水は、見る間に肩まで届いたと、なまなましくその死に際が書かれていた。

佐野繁次郎に「友田恭助が死にましたね」と安治は言った。その日の新聞を読んでいなかった佐野は安治の手渡した新聞を、青ざめながら食い入るように読んだ。そして後ろを向くと涙を拭いた。なにも言わずに照れくさそうにして、トイレに立った。

佐野繁次郎は帝大新聞一九三七年十月十一日号に「友田恭助の戦死」という追悼文を、供花代わりの似顔絵を添えて寄せた。

「僕は、あの日、朝起きてすぐ新聞をみなかったので友田の戦死を昼前に知った。帝大を去年出て僕のアッシスタントをしているHが『友田恭助氏、戦死しましたね』といったのでびっくりした」から始まり「この十一月旗揚げすることになっていた岸田國士氏、久保田万太郎氏と一緒の芝居はきっと友田が、ほんとの新しい芝居を築くのだったのに」と書いていた。

安治も佐野の言うとおり、そんな芝居を観たいと期待していた。

しかし、もし友田恭助が戦死せず、文学座の旗揚げ公演に参加していたとしても、安治はその舞台を観ることはできなかった。

花森安治に一銭五厘の赤紙、召集令状が届いたのだ。

家に帰ると、ももよがなにも言わず赤紙を差し出した。「いやあ、とうとうきた」という感じしかなかった。なにも考えられなかった。でも、堪えた。死ということを想った。家を離れるのだ。藍生と別れるのだ。まだ生後六か月になったばかりだ。そして自分はようやく二十六歳になったばかりなのに。もっと生きたいと願った。

次の日、佐野に赤紙がきたことを告げた。佐野はなにも言わずトイレに立った。兵隊に行っても留守宅には今まで同様、月給が送られることになった。佐野が五所正吉にかけあってくれたのだろう。ありがたかった。

一九三八年一月十日、安治は祖父の出身地、丹波篠山歩兵第七十連隊第三機関銃隊に現役兵として入隊した。二等兵だった。

帝大卒の安治が二等兵として召集されるには理由があった。大学の軍事教練に一度も参加しなかったからだ。帝大新聞には毎年軍教合格率が掲載された。「概して悪い文科系」という見出しと、確か六十四パーセントという数字をレイアウトした覚えがある。学部別の合格率が出ていて文学部は四十七パーセントとあり、へぇ、学校平均よりもこんなに悪いのかと思った記憶がある。だから安治が軍事教練に出ていたとしても受かったとはかぎらない。しかし、自慢じゃないが、帝大新聞部入学、卒業の身としては、思想があっての受講拒否ではない。軍事教練どころか、ほとんどの授業に出なかったのだ。

結果、兵隊は二等兵となった。

三月三十日満洲派遣を命じられ、安治たちは四月十日、大阪港に集結した。

港は兵隊輸送船と満洲移民船、そしてそれぞれを見送る人たちでごった返していた。「露営の歌」と「移民歓送の歌」が重なり響いていた。兵庫県、岡山県、滋賀県などと染め抜いた紺色の汚れきった旗があちこちで振られている。抱き合って別れを惜しむもの、埠頭に座りこみ号泣するものと、港は騒然としていた。

満洲移民船の出航が先になった。港を離れていく移民船を見つめながら、安治は中学五年生の時のことを思い出していた。

神戸の埠頭でブラジルに渡る映画堂々隊の副隊長を見送ったのだ。国策でブラジルに渡ったあの家族はどうしているだろう。今ごろブラジルでコーヒーの木を育てているのだろうか。それとも……。あれから十年、ブラジル移民から満洲移民が日本の国策にとって替わった。ブラジルは見捨てられたのだと確信した。遠ざかる船の家族たちが、副隊長家族と同じ運命をたどらぬことを祈った。

安治たち兵隊を乗せた輸送船が出た。自分がどこへ送られるのかはまったく知らされなかった。

輸送船が青島《チンタオ》に着いた。半分くらいの兵隊が降りたが安治は止め置かれた。再び輸送船が出て安治は大阪を出て三日目に大連《ターリエン》で降ろされた。満洲鉄道を奉天《フォンティエン》、新京《シンチン》と乗り継ぎ、哈爾濱《ハルビン》に着いた。ハルビンからは船で松花江《スンガリ》を下り四月二十日依蘭《イーラン》に着いた。
中国とソビエト連邦との国境沿いを全長四千三百六十八キロの黒竜江《ヘイロンチアン》が流れている。その黒竜江に沿うように、中国側に小興安嶺《シアオシンアンリン》という山脈が連なっている。小興安嶺が終わった麓近くを、黒竜江最大の支流の松花江が流れている。その松花江に牡丹《ムータン》江《チアン》が合流する地点に、小さな町、依蘭はあった。黒竜江省《ヘイロンチアンション》最大の都市ハルビンから北に二百五十キロ上がった町で、ソビエト国境まではあと四百キロだった。北緯四十七度近いから緯度的には宗谷岬よりも北、サハリンのユージノ・サハリンスクくらいの位置になる。

なぜ満洲に自分が派遣されるのか、それも北支でもさらに辺境の地、冬は四か月、松花江も牡丹江も凍河となる町、依蘭に出征するのか。安治は知らなかったし、なんの説明もなかった。それが軍隊だった。

もちろん安治だけでなく、国民のだれもが満洲で戦う大義とはなにかを知らされていなかった。

一九〇五（明治三十八）年日露戦争で勝利した日本は、ソビエトより南満洲鉄道の権利を手にした。その際、鉄道保護を目的として、鉄道線路一キロに対して兵士十五人の駐留を認めさせた。これにより、関東州《カントン》外六百二十五キロの南満洲鉄道部分に、日本は最大九千三百七十五人、約一個師団分にあたる兵力を満洲に駐留できるようになった。これが関東軍の始まりとなった。この駐留兵力の拡大を画策したのが満洲事変だった。張学良を倒し、満洲全土を占領した関東軍は一九三二（昭和七）年三月、溥儀を皇帝にたてて満洲国を建国させた。鉄道の建設と経営が満鉄に委ねられたように、満洲国の国防は関東軍に委ねられた。

関東軍の侵略初期、それに対して東北各地で抗日武装勢力、東北抗日義勇軍が生まれた。

その一つが、一九三一年に立ちあがった依蘭鎮守使《チェンショウシ》で、第二十四旅団長の李杜《リートウ》が指揮する依蘭義勇軍だった。三二年関東軍のハルビン侵攻に対して、李杜は依蘭から兵を率いてハルビンに入り、吉林自衛軍の総司令官として戦ったが、ハルビンは日本軍に陥落した。この伝統的に抗日運動が根強い依蘭一帯の可耕地を関東軍は強制的に買い上げ、武装移民政策を強化した。それに対抗して三四年には依蘭、土竜山《トウロンシャン》で農民暴動が起き、民衆救国軍が生まれた。それは謝文東《シエウェントン》を軍長とする抗日第八連軍に育っていった。満洲国の治安の癌として恐れられ、夜襲、奇襲、待ち伏せなど、敏捷で機動的な遊撃戦術を得意とした。

盧溝橋の衝突から日中戦争が起こると同時に、東北地区に兵力を増強し、中国侵略の後方基地を確保する必要性が出てきた。日本軍は満洲全土の抗日遊撃地区に三年間で十三、四万の兵力を投入する大討伐計画を立案、実行に乗り出した。

その一人が安治で、抗日遊撃地区の拠点、依蘭に派兵された。

依蘭の町はずれ、松花江の川べりに機関銃中隊の土レンガの兵舎があった。一つの建物にいくつかの中隊が入っている。真ん中に石畳の廊下が走っていて、その左右に部屋が分かれていた。廊下と部屋のしきりはない。銃架がしきり代わりになっていて、廊下からは部屋がすべて見渡せた。一つの部屋には十二のベッドがお互いに向き合って並んでいた。一階と二階は同じ構造だった。廊下を挟んだ左右の部屋で一つの内務班を構成した。一内務班は最大で四十八名になった。ここに兵隊たちが寝起きしていた。

入営するまで安治は、兵隊とは軍隊のすべてをいうと思っていた。しかし、違った。この宿舎に入れられた星一つの二等兵から星三つの上等兵までを兵隊と呼び、下士官室に寝起きしている将校、伍長、軍曹は兵隊でないと知ったのは、依蘭に着いて最初の夜の八時のことだった。

軍曹が自分の内務班の中央、石畳の廊下に立った。その廊下を週番士官が下士官を従えて入り口の内務班から順番にやってきた。同時に班長が「気をつけぇ」と叫んだ。

「第三内務班総員四十八名。事故六名、現在員四十二名、番号っ」

直立不動になった兵隊が順番に番号を叫ぶ。

「三十二」

安治は腹の底から声を出すように叫んだ。思わず声が裏返った。

「四十一、四十二、以上」

「事故六名は衛兵三、馬屋当番一、入室一、営倉一、計六名。そのほか異常ありません」

それを聞き終わると下士官は、次の内務班に移っていった。宿舎全部の点呼が終わった。班長も引き上げた。それを見計らったように、先任上等兵が部屋の中央に出てきた。

私刑の開始だった。

「初年兵集合。両足開脚、一列に並べ。眼鏡をはずせ。歯をくいしばれ」

両頬めがけて、革製の上靴が飛んできた。底には鋲が打たれていた。思わずよけようとしたが間に合わなかった。唇が裂けて血が飛び散った。

「この野郎」

いきり立った上等兵が、さらに一撃を食わせてきた。二撃目の時に気づいた。これを避けたらまた次の一撃がくる。へたに身を避ければ、倒れこみ血みどろになるまで殴ってくると。必死の力をこめて立ちつくした。決してよろめかないこと。倒れないこと。まともにその一撃を受け止めることだ。眼から火花が散った。それが言葉の綾でないことを生まれて初めて知った。瞼が瞬間にはれあがり、薄暗い部屋がさらに暗くなった。

上等兵が隣の兵隊のところへ移っていった。上靴が空を切った。ぐえっという人の声ではない声を隣の兵隊はあげた。

九時に消灯ラッパが鳴った。「よーし、今日はこれだけにしておく」と上等兵が上靴の底の靴鋲をなでながら、にやりと笑い、安治たちは必死に不動の姿勢をとって絶叫した。

「ありがとうございました」

安治は自分が変容していくのを実感した。

「ぼくという人間が、ぼくの青春がめちゃくちゃに踏みにじられて行く」

人間が別のものに変えられていく。どんなものになるのだろう。そう考えると眠れなかった。裂けた唇が痛んだ。それが依蘭の最初の夜だった。

私刑は夜ごと理由もなく続いた。いや、理由はあった。気が抜けているからだったり、たるんでいるからだった。そんなことで殴られるのはたまらなかった。

自分が何者になるのかが不安だった。

「人間」が弾丸の飛び交う中を飛び出していけるはずがない。死がそこにあるとわかっていながら、銃剣をひっさげて飛び出していくには「人間」であっては困るのだ。軍隊はまず「人間」を人間でないものに作り変える必要があった。

だから彼らは、だから軍隊は、殴る、殴る、殴る。夜ごと殴った。

七月十日、安治は陸軍歩兵一等兵を命じられた。

昇格したからといって、私刑がなくなるわけではなかった。四十度を超える日中の暑さがいつまでも蔓延《はびこ》る夜の兵舎の片隅で、その暑さにいらつくように、先任上等兵は殴る、殴る、殴る。夜ごと殴った。血と汗が兵舎の壁に飛び散り、夜の暑さはさらに生臭く、深くなった。

枯れ山が多く木々が少ない小興安嶺山脈のわずかな緑の中を、その香りを胸いっぱいに吸い込みながら歩いた。夜も歩いた。暗闇で緑が匂った。半分眠りながらも歩いた。疲れて肩に銃剣が食いこむ。しかし眠りながら歩いても不思議に銃だけは落とさなかった。落としてしまえば、いつ自分が敵襲で死ぬかという恐怖を身体が知っていた。小休止の声がかかるとそのままぶっ倒れた。泥んこであろうと岩であろうと、倒れた。あと一メートル先に座るにちょうどいいところがあるのがわかっていても、それができなかった。

そのまま倒れながら、家に帰りたいと思った。ぶっ倒れて、暗い夜空を見ていると、星が家の光に見えた。妻のももよはあとどれだけ生きられるのだろう。そして生後六か月で別れた藍生はどれだけの時間を生きるのだろう。ももよが、藍生が生きられる時間を、安治も生きたいと願った。

小興安嶺の闇の中で、一つの風景を想い浮かべた。

中国戦線における花森安治
写真提供＝土井藍生氏

牛込箪笥町の借家から神楽坂の弁天さんを抜け、飯田橋の外濠に出ると、そこにボートハウスがあった。外濠の両岸の土手の桜が、薄い水色の空を背景に、左右対称にどこまでも咲き誇っている。春になるとボートに乗り、濠の一番奥めがけてオールを漕いだ。春を切り分けていく爽快感があった。来年の春にはもう一度あのオールを握れるだろうか。握りたい。そう思うと胸が締めつけられた。それが不可能なのは安治自身が一番知っていた。濠の先を霞にして咲き誇る桜の薄紅色は瞬く間に消え去った。闇がさらに深くなった。

歩いた。歩き疲れた兵隊同士がぼそぼそとしゃべることといえば、食べものと家に帰る話だった。どうやったら日本に帰れるか。従軍手帖の裏表紙には「東京・川流堂・小林又七製」と書かれた満洲国の地図が載っていた。その地図を見ながらおおじめで帰る方法を考えあった。陸地はなんとかたどって歩けた。問題は海だった。それまで「こちらの道を通ろう」「いやこっちの道を選ぶのがいい」と言っていた会話が、朝鮮海峡までくると、そこでぽつんと途切れた。帰りたい。帰れない。そんな時、首にかかった認識票が気になった。「靖国神社直行」。それが日本に帰る一番確実で、一番の早道に違いなかった。

敵が弾を射ちこんできた。身体を反転させながら、銃撃を避けた。再び思った。「靖国神社直行」。身体はその言葉に反射し、安治は引き金を引いていた。

そんな行軍から帰った兵舎で、どうして気がつくのだろう、当番上等兵が安治の前に立つとたずねた。

「帰りたいか、家に」

「いえ、帰りたくありません」

「嘘、つくなぁっ」

上靴を真横にするとそれを水平に安治の腹に打ちこんだ。安治はそれをまともに受けた。決してよろめかないことだ。必死の力をふりしぼって叫んだ。

「ありがとうございました」

歩いた。枯れた夏山を歩いた。二日歩いても水場に行きつかなかった。どうにもならないほどの喉の渇きだ。そしてみんなだれも奇妙に同じ顔になった。眼だけが変に光っていた。しかしその眼はなにも見ていなかった。どこか遠くを見ている。みんなそんな呆けた顔をしていた。同じ泥だらけの軍服を情けなく着て、てかてかになった軍帽をかぶり、のっぺらぼうの男たちが、ぞろぞろとただ歩いていた。自分も同じ顔になっているのだろうか。考えていることといったら、早く水場に辿りつくことではない。だれかが水筒にこっそり水を残しているのではないかという猜疑心だけだ。前を行く同じのっぺらぼうの男の腰につけた水筒に水が残っているのでは。歩くたびに水が揺れる音がしないか、そのことだけに神経を尖らせた。卑しいと思った。自分が情けなかった。こうやって人は人を見失っていく。

そんな野戦の中で、自分が自分であり続けることだけを安治は願った。その儀式として三冊の本を持ち続けた。兵舎と違って野戦で私刑が始まることはなかった。不意打ちの私物検査もなかった。日本から送ってもらう小包検査もルーズだった。文庫で岩波の星一つのものなら厚さも薄くて胸のポケットに入るだろう。万が一の時には弾よけの役目を果たすかもしれない。ももよに頼んで『竹取物語』、ハンチントン『気候と文明』、シャミッソーの『影を失くした男――ペーター・シュレミール奇譚』を送ってもらった。野戦の中で岩波文庫を読み続けることはなかなかできなかった。だがその三冊を持っているだけで、のっぺらぼうにならなくてすむ、安治が安治で居続けられる気がした。

『気候と文明』を読み、冬は零下三十度を下り、夏はときには四十度の暑さにもなる依蘭は、自分にどのような変容をもたらすかを知りたかった。

機関銃中隊の兵舎の入り口に、連隊旗がおいてある部屋があった。連隊旗衛兵だった安治には、月に何度か旗の寝ずの番が回ってきた。着け剣をして扉の外に立った。入り口の頭の上にはちょうど裸電球があった。この月に何度かの連隊旗衛兵日が、安治の読書の時間になった。他の場所と違ってここは奥まっているため、万一、人が歩いてきてもその足音を聞いてから、文庫を閉じ、胸ポケットに滑りこませ、ボタンをかけても十分間に合った。

『影を失くした男』を開いた。

主人公のシュレミールに影を売って欲しいという男が現れる。金ならいくらでも出すと言う。これはいいと彼は自分の影を売った。それから影のない苦痛の日々が始まった。影を買い取った男のところへ自分の影を買い戻しに行った。「私が死んだら魂はお前にやる」という文書にサインをするなら、影を売り戻そうと男はいうのだ。「友よ、君が世の中に生きて行くのなら、金よりも、影を大切にすることを学びたまえ」

そこで物語は終わっていた。

シャミッソーが生涯にたった一作だけ書いたというこの物語を、安治は連隊旗衛兵に立つたびに、廊下の向こうから響いてくるだれかのこつこつという靴音を気にしながら、何度も何度も読み返すことで、自分の精神の均衡を保った。

日本から送られてくる慰問袋の中には、さまざまなものが入っていた。森永製菓が陸軍に協賛しているのだろう、棕櫚《しゅろ》の慰問袋には「森永ミルクキャラメル」の印が押してあった。袋を開けると缶に入ったキャラメルが出てきた。田中絹代のブロマイド写真が入っていた。日本を発つ前の八月に観た野村浩将監督の「男の償い」の絹代はなかなかの熱演だった。あれからもう一年近くがたとうとしている。安治は一年もたたないのに自分はすっかり変わってしまったのだと、絹代の写真を見ながらつくづく思った。

そういえば「男の償い」の後に観た「人情紙風船」の山中貞雄は封切りの日に、小津安二郎は「父ありき」の脚本を脱稿した翌日に出征となったのだ。あの二人はこの中国のどこで戦っているのだろう。いつか戦場でばったり出くわすことがあるのだろうか。この過酷な毎日の中で、そのような僥倖《ぎょうこう》があるなら、出会いたいと思った。

第十六師団歩兵第九連隊、山中貞雄は揚子江を北支から中支へ遡行し、伍長として滸浦鎮《フープーチェン》に敵前上陸し、転戦を重ね、南京攻略戦に加わった。

近衛《このえ》師団歩兵第二連隊の小津安二郎は、毒ガスを使用する野戦瓦斯《ガス》第二中隊伍長として上海に派遣された。

翌年一月、小津は上海から南京攻略戦のため揚子江を渡り、揚州《ヤンチョウ》、儀徴《イージョン》、六合《リウフー》と転戦し、滁県《チューシエン》に入った。隣の町の句容《ジューロン》に山中たちの部隊がいると聞いて、小津は一月十二日山中に会いに行った。会うなり山中は「小っちゃん、戦争はえらいな」と言った。三十分ほど二人で話した。

「帰ったら現代劇を撮りたい」

と山中が言い、二人は小津が持っていたライカに収まった。それが二人が会った最後になった。

軍曹に昇進した山中は七月、急性腸炎を発病。九月十七日二十八歳で死亡した。

小津安二郎は一九三九年七月、軍曹で召集解除となり帰還した。四〇年二月号の「スタア」で「あれほど自分の感情を素直に出す奴もいなかった。彼奴は最後まで『あかんあかん』と頑張り通した。いい男だった。戦地で関西弁の兵隊に逢うたびに山中を憶い出した」と語り、二十八歳で死んだ若き才能を惜しんだ。


田中絹代のブロマイドが入った空き缶は、銃剣を磨く油布を入れるのに重宝した。袋の中に手紙と本が入っていた。

「今内地では『麦と兵隊』が非常に読まれている。これを読んで兵隊さんの苦労も少しはわかった気になりました。戦地に兵隊さんのことを書いたものを送るのは逆だけれど、ぜひ読んで欲しい」という手紙に添えて、火野葦平の『麦と兵隊』が入っていた。

今日本で一番読まれている本とはどんな内容だろう。安治は興味をもって『麦と兵隊』を開いた。ところがその本の第一ページは、報道班の腕章をした火野葦平、いや玉井軍曹が、徐州へと進軍する兵隊たちの横を、サイドカーに乗ってさっそうと疾走する場面から始まっていた。はらわたが煮えくり返った。なにがサイドカーだ。なにが土煙だ。肩に銃剣を食いこませながら、へとへとになって昼も夜もなく歩かされたことがあるのか。小休止の声がかかると、泥のあぜ道であろうと、岩場であろうと、そのままぶっ倒れていく兵隊の気持ちがわかるのか。軍曹だって、伍長だって、一兵卒からすれば別の階級だった。

「貴様らの代わりは一銭五厘でくる。軍馬はそうはいかんぞ」と怒鳴りながら、帯革を顔に叩きつけてくる奴らと、殴られても、殴られても「ありがとうございました」と叫ばなければならない兵隊は一緒ではなかった。

そんな火野葦平の本を読んで、内地の人間はこれが戦争だと思い、これが兵隊さんの苦労だと信じているという。見えないものを見たい、聞こえないものを聞きたいという作家たちの業を逆手にとって、綺麗ごとの戦争だけを見せて、それを書かせ、人々の心を熱くさせる内閣情報部や陸軍情報部の姑息なやり方が許せなかった。

安治は『麦と兵隊』を松花江に投げ捨てた。河の流れにしばらく浮いていたその本はすぐに流れに飲みこまれ、消えてなくなった。松花江はどこまでも青かった。

「昭和十三年九月発行」と記された新しい従軍手帖が配られた。

表紙を開けると「本手帖は国民の熱誠なる恤兵《じゅっぺい》寄附金を以て調製し従軍者一同に頒

布するものなり、陸軍恤兵部」と書かれていた。自分の精神感覚を平衡に保ち続けるために、少しずつなにかを書き残していこう。しかし、日記も手帖も持っていなかった。それに不意打ちの私物検査でそんなものが万一見つかれば、恰好の私刑の材料になった。安治は配られた従軍手帖のページの余白に、日記代わりのメモを書き出した。

あなたが生きられるだけ
わたしも生きたい
空には　空ゆく風
野には　野わたる風
あなたとわたしを乗せた硝子の羽は
遠い太洋を飛ぶでしょう
あなたの言葉は　わたしの言葉
あなたの夢は　わたしの夢
あなたが生きられるだけ
わたしも生きたい

冬が近づき、馬たちの毛が長くなり、ふさふさとした毛が増えてきた。それが不思議なのだ。中国の馬だけではないのだ。日本から連れてきた馬たちも、初めての冬を迎えたにもかかわらず、体中の毛がふさふさになり出した。馬さえもこの土地に、この季節に順応していく。自分も毎日殴られ続けている間に、殴られることに順応し、何者かに変容したのだろうか。一銭五厘でいつでも呼び集められる部品として、なんの矜持もなく、なんの疑問もたずにのっぺらぼうな顔をして、この冬を過ごすのだろうか。それだけは嫌だ。馬の代わりはあっても、一銭五厘の代わりはないと思いたかった。

この色は　何の色ぞや松花江に
波さえ泡立つ　その泡の色

十二月になると、松花江も牡丹江もたちまち凍河となった。河が凍ることを安治は初めて知った。安治は馬のように毛を長くすることもならず、零下三十度の世界で寒さの恐怖よりも、私刑の恐怖に震えた。なぜこの氷の世界で、なにを大義として、なんのために戦っているのかはわからなかった。敵といわれる相手さえわからない。抗日義勇軍なのか、あるいは上等兵なのか。極限の寒さの中、思考は停止した。そう、考えさせないことが軍隊なのだ。そのために再び彼らは安治の身を極寒に晒そうとしている。書き止めること。それだけが精神の均衡を維持する方法だった。

山かげに凍土連なり　その涯を
銃負い黙《もだ》し征く戦友《とも》はも

兵舎前の花森安治（左）
写真提供＝土井藍生氏

凍った河面《かわも》を雪煙が舞っていく。その雪は瞬間的に氷となって河面にはりついた。日に日に凍結した河の氷は厚くなっていった。依蘭にやってくる時は、松花江を船で下ってきたのに、その船も航行を中止した。河岸に停泊した船も河面と一緒に凍りついている。今まで向こう岸の藪の中に入りこむには、迂回して橋を渡っていたのに、凍った河の雪面をかいた道を歩いて、向こう岸へ渡れるようになった。なにもかもが凍りつく世界だ。

松花江は凍りて夜明け　大車《タアチョ》追う
声遥かなり　遥かにして続く

支給された冬の軍服は中に綿が入り、襟回りには毛皮がついているといっても、零下二十五度の世界ではなにも役に立たない。靴の底から全身を凍らせながら、松花江に沿って歩く、歩く、歩く。肩に担いだ銃剣はさらに凍りつき、銃を持った手は冷え切った鉄に吸いついて、銃の一部となった。

あまりの寒さに、すべての思考は停止した。

人間とはなにか、人間の根源とは、人間の尊厳とは、人間の屈辱とは。なぜ今ここで戦っているのか。戦いの大義とは。そんなことを考えることもできない極寒の寒さだ。しかしこの寒さの中でも、こうして行軍しているほうが幸せなのだ。あの温かい兵舎に戻れば、また凄惨な私刑が始まる。

がまんがならないのは、理由のない私刑ではない。帯革で殴られ、木銃で殴られ、

「痛いか」と問われ、「痛くありません」と答え、「帰りたいか」と残酷な質問を浴びせられ、「帰りたくありません」と答え、「嘘をつくな」とまた殴られ、「ありがとうございました」と答えている間に、この男たちに対してこすからくも機嫌をとり、おもねり、巧妙に立ち廻ろうとする安治でない安治が、自分の中で育つことだった。

それくらいなら、この凍土と一体になって、自分自身が凍りつきながら、小興安嶺の麓を歩き回るほうがよかった。

凍りついた松花江を渡り、雪原の麓を歩いていると突然馬が暴れた。林の中から弾が飛んできた。それから限りない弾が次々と飛んできた。人間よりも馬のほうが弾の感覚をつかむのが早いことを思い知った。

「人間」を別のものに変えるとは、こういうことなのだ。

それは撃ってくるというよりも、「射る」という感じだった。「撃つ」という字は「射つ」と書くべきだと思いながら、安治は無我夢中で銃の引き金を引いた。死は怖くなかった。

凍土に伏せて、銃を構えた。照準を合わせて引き金を引いた。しかし凍った指先はそのまま引き金と一緒になって凍りついたままだ。射たなければ射たれてしまう。相手の眼と眼があった。凍った指が反射した。相手が倒れた。

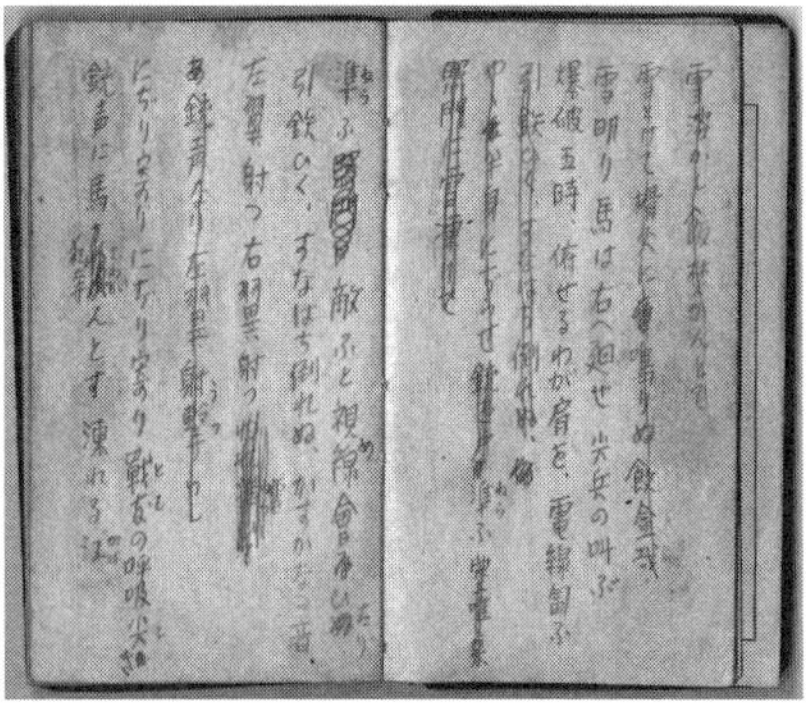

花森安治が書き綴った従軍手帖
資料提供＝土井藍生氏

爆破五時、俯せるわが肩を　電線訇う
準《ねら》う
準う
敵ふと視線《め》会いたり
引鉄ひく　すなわち倒れぬ　かすかなる音
左翼射つ
右翼射つ
にじり寄り　にじり寄り　戦友《とも》の呼吸尖《と》き
銃声に馬　狂奔《さわが》んとす　凍れる江《かわ》

そしてまた凄惨な夜がきた。

この夜を迎えないためには、月に何回か回ってくる戦闘機に潜り込んでの夜間の飛行場警備の担当はありがたかった。操縦席に据えられた夜光寒暖計は午前一時を回って、零下二十七度をさしている。おそらく外は零下四十度近いのだろう。寒さに貧乏ゆすりをし、かじかんだ指先に息を吹きつけながらも、私刑の現場にいないことが幸せだった。安治はアンドロメダを探した。左斜めにそれは輝き、凍河の河面に反射したもう一つのアンドロメダが輝いていた。依蘭の寒さは眼で感じるものだった。操縦席のいろいろな夜光計が青白く光って天空にいるとさえ錯覚させた。そして敵襲があった。安治は戦闘機の窓ガラスを開け、真っ暗闇に向かって必死で射ち続けた。それは天空の流れ星となって光った。

私は腕の磁石に見入る
満洲の北の涯
鴉の影が硝子を横切る
真南を指す針
海が見える
水平線の色
磁石の針はふるさとの歌
凍った松花江に
点した　灯

一九三九年の年が明けた。依蘭はますます氷の世界になった。
冬が深まるにつれて、安治の咳がひどくなった。気管支がヒューヒューと松花江を渡る突風のように鳴った。痰にときおり血がにじんだ。いや、殴られ過ぎの出血だと自分に言い聞かせた。

松花江に　夕日うすらい　雪けむり
流るる疾し　大鴉の飛ぶ　翔ぶ

凍った松花江の淵を安治は歩哨で歩いていた。急激に咳こんだ。押さえた指の間から血が吹き出した。その血は瞬く間に凍りついた。午後二時だというのに、低く斜めに陽を射す太陽が、松花江全体を夕映えのように照らしていた。安治は凍りついた自分の赤い手を見た。斜めの光がその赤さをさらに増した。
二月九日、月例身体検査で胸部の異常が発見された。

あなたが生きられるだけ
わたしも生きたい

二月十六日、安治は依蘭陸軍病院に入院した。初めて私刑の恐怖のない夜を送った。

　やや痩せし　指の愛《かな》しくうす日さす

　もしかしたら肺を患っている可能性があった。ハルビンなどどこか大きな陸軍病院で精密検査を受ける必要があった。松花江はすべて凍りつき、船は川岸に河と一緒に凍結していた。依蘭にやってきた時のように、松花江を二百五十キロ遡行し、ハルビンに入るのは不可能だった。安治独りのためにトラックと犬ぞりと鉄道のさすらいの旅が始まった。

　翌日、依蘭から北へ百キロ上がった佳木斯《チアームースー》の陸軍病院に移送された。佳木斯はあと三百キロでソビエト国境の満洲最北の町だった。床に臥しているにもかかわらず、満洲にきて初めての平安があった。

　ねごと言う　この若き兵は　母あらん

鉄山嶺《ティエシャンリン》の陸軍病院で精密検査を受けることになって、三月六日、満洲鉄道で佳木斯から牡丹江へ行くことになった。佳木斯の駅のホームで依蘭で見知った兵士にあった。その男は病気を患った安治をうらやましそうに見た。列車が動いた。やましさが残った。

病院列車　駅に入りたり　雪まだら
ホーム歩く　警護兵に戦友《とも》ありぬ
すぐ帰る　それだけ言いぬ　彼、手挙ぐ

牡丹江から三月十一日鉄山嶺の陸軍病院に入った。依蘭と比べ、鉄山嶺には早い春がやってきていた。精密検査を受けた。最終診断は三月二十日に伝えられると言われた。結核でありますように。そうすれば日本に帰れる。そう願った。ずるいと思った。「靖国神社直行」を願った自分が、今は不治の病、結核を願っている。しかし、氷の世界に閉ざされた依蘭と違い、そこにはいいしれぬ平安があった。従軍手帖に記す言葉の数々に、おもわず喜びの本音がのぞいた。

「白衣着て何やら寒し春の宵」
「うとうとと脈とられ居たり　春のあさ」
「春なれば　雛《ひいな》のことなどしるしたる
　ふみ披きつつ　過《よぎ》るかげあり」

三月二十日、安治は最終的に「右肺下葉浸潤《しんじゅん》」と診断され、傷痍《しょうい》軍人として日本に帰ることになった。

「いたつきは兵の恥にあらじとも
　書きてありけり　われなぐさまず」
「海が見たい
　いま頃の海はみどりいろ」
「あなたが生きられるだけ
　わたしも生きたい」

三月二十五日、鉄山嶺の病院を出て、大連に着いた。あんなに見たいと思った海は、なぜか海の色をしていなかった。そう、自分は海の蒼さに心躍らせてはいけない身なのだ。

三月二十六日大連港の埠頭の午後は、黒い手袋と揺れる日の丸でいっぱいだった。中国戦線の各地へ旅立つ輸送船の兵士たちに向かい、万歳、万歳の歓呼の声が響いていた。

一方、安治の乗った病院船は、午後三時にひっそりと大連港を出帆した。汽笛も鳴らなかった。内地還送。むなしかった。安治は不動の姿勢で挙手をした。今も毎夜殴られ続ける一銭五厘の戦友を思った。残された兵士たちの気持ちのように、海は白々しいさみしさに満ちみちていた。三月二十九日、午前十一時、青島に着いた。青島は赤い屋根ばかりだった。

大阪陸軍病院天王寺分院に向けて荷物を作った。藍染め、エビオスと「新青年」の増刊号を入れた。寒い岸壁だった。汽笛が鳴ると蒸気が霧雨となって降った。大連から乗ってきた従軍看護婦が船を降りていった。看護婦たちはトラックに乗って走り去った。いよいよ日本に還るのだと思った。午前十一時、病院船は船首のマストの旗をはためかせながら出帆した。港外の駆逐艦の乗組員たちが手を振ってきた。安治も手を振った。ちぎれるように手を振った。汽笛が鳴った。濃霧に包まれた。病院船の速度が上がった。

当時の日本軍が一番恐れたのが、不治の病といわれた結核の軍隊内での感染だった。一九二〇年から一九二九年までの十年間で、兵員損耗《そんもう》数は五万三千七百四十人にのぼったが、そのうち肺結核、胸膜炎を患ったものが二万八千百四十人と、全体の五十パーセントを超えていた。しかしこれらの兵士は除隊し郷里に帰っても、特別の治療を受けるわけではなく、それが国民感染数をさらに伸ばす原因となっていた。

一九三五年、村松晴嵐荘五百床を水戸に建設したのが、軍部における最初の結核専門療養所となった。

一九三六年、結核死亡者は一年間で十四万人に達した。対して結核病床は全国合計一万四千床しかなかった。それほど日本の結核対策は遅れていた。戦いを進めるにあたって、従来あった陸軍病院とは別に、結核専門療養所の開設を軍部は急いだ。

一九三八年、静岡に天竜荘、山口に山陽荘の国立結核療養所を開設するほか、全国の温泉地十か所に結核患者のための傷痍軍人温泉療養所を開設し、連隊別に割り振った。遅れていた軍部の結核対策はようやく本格化し、終戦時には、結核療養所は全国三十七か所、総病床数二万床を超えた。

その入所資格は「陸海軍下士官兵にして結核の為一種以上の兵役を免せられたる者」に限った。療養期間は一年半で、将校は入所できなかった。「貴様らの代わりは一銭五厘でくる、軍馬はそうはいかん」と言った軍隊も、結核の前では蔓延を恐れ、軍馬以上に一銭五厘を大切に扱った。

そのため二月十六日の発症嫌疑と同時に、安治は素早く戦線を外された。

精密検査のために、凍りつく北満洲の大地を、軍部総がかりでたった独りの兵士を鉄山嶺まで搬送したのも、軍隊内の結核の蔓延をひたすら恐れるからだった。といっても有効な薬もない時代の結核治療といえば、安静にして温泉につかることぐらいしかなかった。しかも、安治の肺浸潤が見つかった一九三九年は、軍の結核対策としての温泉療養所開設がようやく緒についたころで、まだ全国に専門療養所は数えるほどしかなかった。増え続ける罹患者に対し、その絶対数はいかんせん少なく、療養対策といえば聞こえがいいが、一般病棟から隔離した別棟に結核患者だけを収容し、安静に暮らすことが、その療養対策となった。

一九三九年四月二日、二十七歳の安治は傷痍軍人として、大阪陸軍病院天王寺分院の、結核患者だけが一緒に暮らす、六人病床に収容された。

この収容所でもまた殴られる日々が続くのか。そう思うとぞっとしたが、入院して驚いた。下士官と兵隊の差別がないのだ。階級よりもそれぞれが地方でなにをしていたかが問題になった。もっともパピリオ化粧品で宣伝をしていたというと鼻で笑われたが、それでもまだ人間的だった。

隔離病棟は大阪天王寺の外れにあった。それでも、分院の長塀のそばにたたずめば、幼少から親しんだ神戸のにぎわいにも似た街のざわめきが、なにげに身にまといつき、安治は穏やかな心の安寧を覚えた。安治たち結核患者を日常から切り離す結界の向こうから、満開に咲く桜の枝がいくつも張り出していた。そこにこぼれるほどの春があった。安治は張り出した桜の枝を手元に手繰り寄せると、その香りを胸いっぱいに吸い込んだ。

小興安嶺の夏の闇の中で、思い浮かべた飯田橋のボートハウスの春の香りがそこにはあった。

安治は娘、藍生の手を引くとボートに乗り込み、濠の一番奥めがけてオールを漕いだ。春を切り分けていく爽快感があった。小興安嶺の絶望の闇でそんな春の日を手にすることは二度とないだろうと思った春が、安治の手の中に確かにあった。

わずか二か月前には機関銃中隊の土レンガの兵舎の見張り櫓《やぐら》に登って、吹きすさぶ雪あらしに震えながら、凍りついた松花江の河面を眺めていたのだ。震えながら何度も「靖国神社直行」を願ったのだ。それが今ここで、長塀の外からこぼれ落ちる春を受け止め、花を愛でている。自分が肺浸潤という名前の結核患者であることを忘れた。還ってきた喜びに心が震えた。

あなたが生きられるだけ
わたしも生きたい

十月二十六日、天王寺分院から、和歌山にある大阪陸軍病院深山《みやま》分院に転院になった。わずか十キロ先の向こうに横たわる、淡路島を望む、瀬戸内海の最東に位置する紀州深山は、江戸、明治の昔から、商都大阪を護る要塞基地として、その役目を長く果たしてきた。古くから漁港として栄えた加太《かだ》からさらに奥深く入った、断崖絶壁の地にはいつくばるように拓かれた、いかにも要塞にも、結核患者隔離地にもふさわしい地だった。転院以来、その鄙《ひな》びた地から湧き出る温泉につかることが、安治の楽しみになった。

温泉から上がると、ベッドに横たわってただひたすら岩波文庫を読んだ。本を毎日開く安治に、周りの患者が興味をもった。その熱心に読んでいる本はそんなにおもしろいのかと聞いてきた。本を貸した。小学校しか出ていない自分にはとても読めない、読んで聞かせてくれないかと頼んできた。周りの者が自分たちも聞きたいと申し出た。夕食後が朗読会になった。安治は鷗外の『高瀬舟』を、何度もみんなに読んで聞かせた。

ある日二十二、三歳の憲兵隊の給仕をしている男が、安治の病室を訪ねてきた。おずおずと「英語を教えて欲しい」と切り出した。憲兵隊の試験を受けたいのだが、この年になるとだれに頼んで、どう勉強をしていいのかわからないと頭をかいた。熱を計りにきた看護婦に頼んで、学生時代のリーダーを借りた。

陸軍病院での花森安治（下）
写真提供＝土井藍生氏

給仕を教え出すと、看板ぐらいは読めるようになりたいと次々と希望者が現れた。傷痍軍人を集めた英語教室が始まった。試験をしてくれと患者たちが自分から言い出した。

楽しみは週に一度の英語の試験問題作りと、職人の患者から教わった紹刺しだった。
　紹刺しにも飽きると、深山の温泉地から断崖絶壁の先に据えられた砲台までの巻き道を、安治は息を切らせて上った。砲台の目の前には淡路島が鮮やかに横たわり、秋の早い夕暮れに瀬戸内の海は穏やかな朱色に染まった。この右手の海の奥には、神戸の港と子供のころジンタを楽しんだ新開地があると思うと、安治の心いっぱいに甘い想いが広がった。淡路島の灯台の明かりが鮮やかになり、深山の鄙びた船繋《ふながか》りに、急ぎ帰る漁船の航跡が残光にきらきらと光った。今夜はうまい魚が食べられるかもしれない。

かくて　われ生きてありけり
はつ秋に
胸ひろびろと　おお空流る

　一九四〇（昭和十五）年一月二十日、一年弱の療養を終えた安治は現役免除となった。紫と黄色の矢羽根模様の地に、妻ももよのイニシャル、Mの字を臙脂《えんじ》色で刺し込んだ、紹刺しの財布を持って、二十八歳の安治は大阪陸軍病院深山分院を退院した。

ハルビンからは五方向に高速道路がそれぞれ延びている。東北方向に五百キロ、ロシア国境の黒竜江沿いの同江市まで延びるのが哈同高速道路といい、依蘭はその中間点にあった。

二〇一一年一月の末、私を乗せたヴァンは朝の七時にホテルを出発したが、その高速道路に入るまでに、一時間以上の時間がかかった。まったくスピードが出ないのだ。

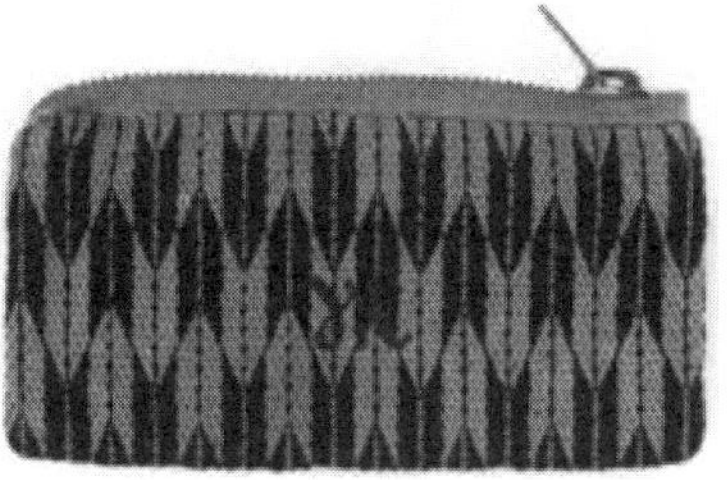
療養中に作った絽刺しの財布
資料提供＝土井藍生氏

渋滞ではない。町全体が凍りつき、車道といわず歩道もすべての道はアイスバーン状態だった。人々は足を滑らせないよう一歩一歩慎重に歩を進めていた。交差点に信号がなく、みんな無秩序に道を横断するので、車はまったくスピードを出すことができないのだ。

町の電光温度計は零下二十二度を示していた。朝の鈍い太陽が路面を赤く照らした。しかしその熱で道路が溶ける様子はまったくなかった。町は凍りついたまま凍《こご》えていた。

高速の入り口には驚いたことに、花売りが全身を凍らせ、吹きすさぶ雪煙の中に立っていた。

だれがこんな厳寒の中で花を求めるのだろう。ヴァンが高速に入ろうとした時、私は声をかけて車を止めると、花売りから五元、八十円の花を求めた。

花弁は凍りつき今にもぼろぼろとこぼれ落ちそうだった。

雪原の中に切り拓かれた一本の道を、ヴァンはただ走り続けた。風景はなにも変わらない。どこまでも左右に雪原が広がるだけだ。地図を見ると実県《シーシエン》、方正《ファンジョン》という大きな町を通り過ぎた百キロほど先に、依蘭があるはずだ。ヴァンの右手の窓から差しこむ太陽が高くなる様子は一向になかった。太陽の輪郭が鈍くぼけ、黄色にかすんだような茫洋とした光があるだけだ。太陽の熱は寒さにすべて奪い取られているようだった。太陽が出ているのだから空が曇っているということはないはずだが、青空は見えない。車の走る先を雪煙が舞うように走り抜けていった。竹ぼうきを持った作業員が凍えながら、高速道路のたまった雪を黙々と掃いていた。

実県、方正を過ぎたのは標識でわかった。しかし、町は一向に広がってこない。道路と同じ高さに雪をかぶった家々の屋根があり、その雪の中から丸い煙突のレンガが突き出ていることで、かろうじてそこが町だとわかった。

方正から一時間、鉄橋を渡った。しかし凍りついたただの雪原があるだけで、河の流れは一切なかった。高速道路が鉄橋になっていたことだけが、河を渡ったことを教えてくれた。

これが松花江なのだろうか。

ハルビンを出て四時間、やがて車は高速道路を降りて依蘭の町に入った。

中央道路が一本まっすぐ伸び、左右に低い町並みが続くだけの小さな町だった。

町の入り口の石炭商の庭先には、黒々とした石炭がいく山も積まれていた。石炭を満載した荷車を、小さな黒馬が引いて行く。安治が「暮しの手帖」に書いていたとおり、馬はけっして大きくないが、全身を長々とした毛で覆い、寒さに耐えていた。

人々はフードからズボンまでが一体になったダウンジャケットで全身を包み、アイスバーンの道に足を取られないよう、ゆっくりと緩慢な動きで歩いていた。三階以上の建物はなく、町並みは低い。露天商は震えながら白湯《パイタン》を売り、市場には数少ない野菜が売られていた。中国のいくつかの町で何度か見た雑踏とここが違うのは、人の声がないのだ。声さえが凍りついたように静かな町、それが依蘭だった。町を三十分くらい歩いただけで、手の先と足の先から寒さが襲ってきた。鼻水が垂れ落ち、指で拭こうとすると、それは凍りついていた。頭の芯が痛くなった。

英語も日本語も一切解さないヴァンの運転手に、私は一枚の紙を差し出した。

「我望観松花江」

ヴァンは石炭商から始まった町に一本拓かれた道をまっすぐ走った。二十ブロックも走ると町並みは途切れた。やがてヴァンが止まった。運転手が振り返った。筆談は通じなかったのだろうか。ヴァンの先には下りの道があり、幾台もの車がそのまま進んでいる。向こうから上ってくる車もあるのだ。

いや、松花江のほとりまで連れて行って欲しいのだと、先ほどの紙の「観」に×をつけ「立」と書き直した。最後に「畔」の字を書きたし、差し出した。

「我望立松花江畔」

運転手が指を下にして中国語でなにか叫んでいる。ここがそうだと言いたいらしい。いや、ここは違うだろう。この先、車が走っているではないか。首を激しく振った。

運転手がナビをつけた。見ろと指差した。そこには一本の青い太い線が真横に引かれ、松花江と書かれていた。ＧＰＳの矢印は松花江のほとりで点滅していた。

河が凍るということはこういうことなのかと初めて知った。石炭商から続く真っすぐの道が松花江にぶつかると、冬場は凍った河の雪をどかして、そこを道にするのだ。夏にはない道が対岸まで続いていた。

かつてこのへんに機関銃中隊の土レンガの兵舎があったのだ。

一瞬雪煙で周りはまったく見えなくなった。冷えきった川風が音を立てて襲ってきた。

それは革製の上靴が空を切る、宿舎内で夜ごと行われた私刑の音だった。これを避けたらまた次の一撃がくる。決してよろめかないこと。倒れないこと。まともにその一撃を受け止めることだ。凍った大地に足を踏ん張り私はその突風をまともに受けた。ハルビンから北へ二百五十キロ。体感温度は零下三十度以下だろう。頭の芯から激痛が走った。

車に戻り、ナビの向こう岸を指差した。運転手はヴァンを走らせた。本当に車が乗って大丈夫なのだろうか。河の真ん中で止まってもらった。車から降りると水面を見ることができないほど、厚く凍りついた氷が張りついていた。冬の道のために除けられた雪が幾重にも鋭い氷山となって雪原に突き出していた。その先端が太陽を受けてキラキラと輝いた。対岸の河岸には船が四隻、身動きできずに河と一緒になって凍りついていた。右手の奥に小興安嶺山脈の低い山並みが見えた。

写真を撮ろうとして困った。デジタルカメラの小さなシャッターは、とても手袋をして押せるものではない。手袋を外し素手でシャッターを押すと、寒さで指先に激痛が走った。連続してシャッターが切れない。一カット撮るごとにズボンのポケットに

凍結した依蘭、松花江＝著者撮影（2011年1月）

手を突っ込み、指を激しくこすりつけて温めた。その繰り返しに指はもう耐えられなくなっていた。カメラの動きそのものが鈍かった。

一時間も雪煙の吹きすさぶ凍りついた河に立っていただろうか。写真を撮る意欲もいつか薄れ、指先と足元から凍りつく寒さの中で、思考は停止した。デジタルカメラさえ連続して切れない寒さなのに、安治に銃を撃つ力がなぜあったのだろうか。

この寒さの中では、だれとなぜ戦うかの大義など必要なかった。引き金を引かないと自分が殺されてしまう。その恐怖だけが銃を撃たせたのだ。きっと生存の本能だけが研ぎ澄まされたのだろう。

それが戦争だった。

高速道路の入り口で求めた花を、私は凍った松花江の雪原に置いた。この無意味な戦争のために死んでいった、すべての兵士のために。停止した思考と指先の激痛に耐えられずヴァンに戻った。

午後二時を回ったばかりなのに、斜めの太陽が凍った雪原に差しこみ、松花江は薄紅色に輝いた。

十月の上旬、私は安治の転院と季節をあわせるように、紀州深山を訪ねた。

東京から新幹線で新大阪、そこから和歌山市まで特急と普通電車を乗り継ぎ、南海電鉄の「加太さかな線」という、ちょっと嬉しい名前をもつ電車で、最終駅の加太駅に着くまで五時間半を要した。深山はその加太からさらに奥に入り込んだ小さな、小さな漁港だった。集落の外れに「深山重砲兵連隊跡」の石碑が一本ぽつんと立っていた。「深山温泉」と看板が揚がる、石碑から一番近い湯治場で裸になると、わが身を湯に浸した。足をのばし、手を頭の後ろに組むと、お湯と海の水面が一体になった。凍りつく松花江のほとりで敵と眼があいながらも、自分の凍った指が相手よりも一瞬早く反射したおかげで、その一年後、こうして深山の温泉につかる安治の心の複雑さを、ほどよいお湯の温かさに睡魔に襲われながら思った。

湯を出ると私は深山の連隊跡から断崖の上に広がる砲台跡地公園の道をたどった。昔、ここが要塞の地であったことを今に伝える、湿った弾薬庫が連なる高台にその公園はあった。

目の前には淡路島がゆったりとその島影を広げていた。よく晴れた日で安治も見たであろう、十キロ先に突き出た淡路島の灯台がよく見えた。その灯台に灯がつくころ、静かな瀬戸内の海は夕暮れに染まり、港に急ぐ船の航跡がきらきらときらめいた。今夜はこの地で泊り、安治と二人、うまい魚でも食べようか。その日に帰ることにしていた私はさびれた深山の温泉宿に泊ることにした。

食事が終わり、再び宿の湯につかると、安治が従軍手帖に何度も書き続けた言葉が、自然に口から出ていた。

あなたが生きられるだけ
わたしも生きたい

五　宣伝技術家の翼賛運動

帝国大学新聞の親分こと、久富達夫から安治のところに「頼みたいことがある、ちょっと東京會舘に顔を出してくれないか」と連絡があったのは、現役免除で大阪陸軍病院深山分院を安治が退院してからちょうど一年後、一九四一（昭和十六）年の正月が終わったころだった。

トロッコ時代、本郷金助町にあった親分の家には、みんなで何度も押しかけ、飲み食いさせてもらった。その親分の頼みとはなんだろう。行かないわけにはいかなかった。挨拶代わりに、最近刷り上がったばかりの、安治が初めて取り組んだ編集雑誌「婦人の生活」を持った。

「久しぶりだな。中国はどこだった」

「依蘭でした」

「そりゃ寒くて苦労したろう。で、そのあと和歌山だって」

こちらの調べはついているようだった。

安並半太郎（花森安治）編集による「婦人の生活」（生活社、1940年）
資料提供＝暮しの手帖社

「恥ずかしながら傷痍軍人です」

「命あってのものだねだ。で、今はなにしてる」

安治は持って行った雑誌を差し出した。紺地の上に赤い縞模様の帯を置き、「婦人の生活」と白の筆文字で抜いてある小粋な感覚の雑誌だった。

「驚いたな、これお前が編集したのか。林芙美子や藤原あき、森田草平の随筆か。この東京婦人生活研究会の女の国防服の提唱ってところの漫画うまいな、だれが描いたのだろう」

安治が自分が描いたのだと答えると、感心しながら終わりまでページをめくると、また聞いた。

「このしまいの特集、『きもの読本』なんて、五十ページもある力の入れようだ。すごいね。これ書いている安並半太郎ってだれだ。知らんな」

「安は安治の安、森の半分が並木だから安並半太郎。つまり私です」

安治が頭をかきながら答えると、久富は驚きながら大声をあげた。

「こりゃいい、俺の読んだ通りだ。気に入った。助かった。その命、俺に預けてくれ」

太った久富が安治の方に前かがみになって、声を小さくして続ける。

「実は弱ってる。近衛首相の音頭で大政翼賛会がここ東京會舘にできたのは、花森も知っての通りだ。翼賛会は、もともとは、この非常時を円滑に収拾するには、近衛文《ふみ》麿《まろ》しかない、近衛に天下を取らせようと、近衛の一高時代の同級生後藤隆之助が呼びかけて、幹部に河合栄治郎や蠟山政道、有馬《ありま》頼寧《よりやす》などを迎えて作った昭和研究会が始まりさ。この会のおかげで近衛は時代を担う政治家として声望を高めたわけだ」

久富の口から、突然、河合、蠟山の名前が出てきて安治は驚いた。だれもなにも書いてくれなかったあの二・二六事件の時に、帝大新聞に勇気をもって筆を執った二人の教授がともに翼賛会の設立に関わっていたとは知らなかった。

安治が和歌山の深山分院を退院し、パピリオ化粧品に復帰した一九四〇年の七月、国民になかなか人気のあつい近衛文麿が第二次近衛内閣を作った。ドイツがパリに無血入城し快進撃が続いていた。近衛のかねてからの持論はソビエト共産党、ドイツ・ナチ党のような独裁政党の必要性だった。昭和研究会を基本にした、国民の総意に立った清新で溌剌とした「新体制」を訴えた。

それは国民の熱狂的な支持を集めた。「バスに乗り遅れるな」とみんなが「新体制」に駆けこんだ。そして大政翼賛会と命名された「新体制」は十月十二日に発足した。

組織局長に後藤隆之助があたり、事務総長は有馬頼寧、文化部長は岸田國士だった。戦死した友田恭助も一緒に加わるはずだった文学座を興した岸田が文化部長をやるというのは新鮮だった。

東京日日新聞で政治部長をしていた久富に宣伝部長をやってくれと声がかかった。久富は東京日日の政治部で自分の部下だった八並《やつなみ》璉一《れんいち》を副部長に据え、昔からの知り合いの読売新聞運動部の記者川本信正などを引き抜いて宣伝部を作った。

発足したのはいいがすぐに困った。久富を始め高邁な議論をするものはたくさんいるが、宣伝実務となるとだれもさっぱりだった。なにかといえば標語募集になってしまう。今まで新聞記事を書いてきたから、文案はともかくとして、図案となるとからきしだった。

「だれかいないかと考えてたら、そう」と言って、久富は安治を指差した。

安治の中で引っかかるものがあった。大政翼賛会という仰々しい名前だ。確か「大政翼賛、臣道実践」を唱え出したのはあの胸糞の悪い蓑田胸喜のはずだ。だがもともとの母体の昭和研究会には河合栄治郎、蠟山政道が幹部としてからんでいたという。そこから推察すると新体制は自由主義の団体なのだろうが、名前は胸喜ときている。大丈夫なのだろうか。もう一つわからないのは、情報局や陸軍に宣伝部があるのに、翼賛会の宣伝部というのはなにをするのだろう。

「実はな、この久富親分、翼賛会宣伝部長にして、情報局次長ときている。棲み分けは俺のところでするんだ。アメリカなにするものぞという輿論形成や大東亜共栄圏の建設意義というような国家情宣は、情報局。翼賛会のほうは、翼賛運動の推進につきる。お前さんの女の国防服の提唱だったり、きもの読本の『買う時もっと考える』なんていうことを宣伝してゆくわけだ。まあ去年はやったように、『贅沢は敵だ』と国民生活を戒める。そのくせ国債を買えと催促し、モンペを着ろとおせっかいをやき、食料増産に励めと尻を叩くわけだ。どうだお前さんにぴったりの仕事だろう」

久富の口から、ついこの前自分が書いた「贅沢は敵だ」の標語が出てきて、安治は驚いた。

パピリオにはもう長いことといられないだろう。統制経済で宣伝の仕事はまったくなかった。会社は精神作興同盟から仕事をもらい「贅沢は敵だ」と化粧品と百八十度違うポスターを作っているありさまだ。最初はパピリオの宣伝誌だった「婦人の生活」もそうはいかず、佐野の縁故で生活社からなんとか出せたくらいだ。召集このかた毎月五十五円の給料を払い続けてくれた会社にこれ以上甘えることは不可能だった。人々の暮しを語るのならば、なんとか自分にもできるかもしれない。

「一つだけお願いがあります。この雑誌作りは続けさせてもらいたいのですが」

「いいだろう。それも立派な翼賛運動だ。明日からすぐきてくれ。給料は二百円だ」

破格の額に安治は驚いた。

しかし入ってみると翼賛会内部はぎくしゃくしていた。部員はみんな上層部の縁故で入ってきていた。横のつながりはまるでなかった。社会主義者がいて、転向者がいて、満洲浪人がいた。

「翼賛選挙ポスター」「体力増強壮丁皆泳促進ポスター」「軍用兎飼育促進ポスター」「闇売買禁止ポスター」「国民貯蓄新目標二百七十億円増蓄ポスター」と仕事は山のようにあった。

国民生活における翼賛運動の推進となると、軍部、大蔵省、農林省、商工省、大日本飛行協会、大日本婦人会と関係各省や団体との調整だけでも精一杯なのだ。

政府機関や民間団体と打ち合わせた宣伝方針、それを自分のところで一度堰き止め、どのような方向で制作物を作っていくかという基本設計をするのが宣伝技術家、花森安治の役目だ。

　しかし、問題はその設計図をきちんと受け止めて制作物に定着してくれる文案家や図案家がいないことだ。電通傘下の日本宣伝技術家協会員はみんな一匹狼で、一向に人の話を聞こうとはしない。

　命令調か五七調の美文が文章だと思っているのか、的を射た表現が出てこない。図案をやらせれば、稚拙な漫画調の絵柄に汚らしい描き文字ばかりだ。結果、目を覆いたくなるようなポスターができあがった。

　安治が基本設計した宣伝企画を、広告表現として確実に定着してくれる、文案家や図案家を早急に見つけたかった。そうすれば安治は国家情宣の宣伝技術家として、戦略作りに集中できる。見つけなければ、厖大な仕事量に押しつぶされてしまう。

　そんな悩みを抱えている時に、二月二十四日から資生堂ギャラリーで始まった、「太平洋報道展」がなかなかいいと翼賛会の中でも話題になった。画一的な表現が多い国家情宣の世界にあって、なぜアメリカが脅威になるのかをわかりやすく十分に説明しているというのだ。日ごろあまり熱くならない八並宣伝副部長がほめちぎっている。安治もさっそく見に行くことにした。

資生堂ギャラリーには大勢の人が詰めかけていた。「主催・報道技術研究会、指導後援・情報局、太平洋報道展」とある。報道技術研究会というのは聞いたことがない名前だった。

　会場正面には海原を空から俯瞰した写真と、上から下へ指さす手のアップが対になって飾られていた。真ん中のパネルには、「千古不易の静けさを破って、太平洋に不気味なうねりが漂ってきた」という文章が、白いパネルに大きな明朝体でレタリングされていた。太平洋におけるＡＢＣＤ包囲網を骨子に、「太平洋への全面的注意喚起と大東亜共栄圏の自覚」「日本海軍の威力と米英軍備比較」「太平洋経営による国民犠牲の必要性とその覚悟」「太平洋における資源と各国の経済的文化勢力」「日本民族の太平洋への発展の必然性」の五つのテーマを解析、解明しようという大掛かりな報道展だった。

　太平洋の左右上下から触手を伸ばし、日本をからめとろうとするＡＢＣＤ包囲網は不気味な唐草模様で描かれていた。日本にとってこれからの問題はなにかを、強い視覚要素を使ってだれにでも端的に伝えることに成功していた。こんなふうにまとめるのかと安治は感心した。

　五つのテーマの内容を写真と写真を組み合わせ、あるいは写真とリアルな挿絵を組み合わせ、その間を、活字体を模した読みやすい書体の文章でつないでいく表現方法も、なかなか新鮮だった。

これまでの標語だけのポスターや、紀元二千六百年奉賛展で情報局や翼賛会が作ってきた国策宣伝物、デパートで集客のために時節に合わせた画一的な防共展、防諜展などと、明らかに一線を画していた。

1941年資生堂ギャラリー「太平洋報道展」
山名文夫他『戦争と宣伝技術者』(ダヴィッド社、1978年) より

自分もこういう優秀な技能集団と出会うか、人材を育てなければ、山積みする仕事に潰されてしまうと思いながら、安治は会場を後にした。

翼賛会に帰ると騒動が巻き起こっていた。宣伝部で殴り合いの喧嘩をしているのだ。背広姿のまま腕まくりして宣伝部員の首根っこをつかまえている男がいる。よく見るとなんと帝大新聞の先輩、扇谷正造だった。他の翼賛会宣伝部員と新聞社の記者が間に入ってようやく喧嘩は収まった。

朝日新聞に入社した扇谷が、翼賛会担当記者とし

て、安治の前に現れるとは、心底驚いた。安治は扇谷を東京會舘の屋上に誘った。屋上からは皇居がよく見えた。

「お恥ずかしいところを見せてしまった」

扇谷はまくりあげていた背広の袖を下ろした。

「あの野郎、岸田國士を赤だと言いやがって。とっとと辞めればいいと勇ましいことを言うから、なにをと胸倉をつかんだ」

「あいつこそがちがち右翼で、いつもここ、翼賛会は赤の巣窟だと吠えている」

「確かにここも、最初は文化部長に岸田國士を据えるなど、ちょっと新鮮で、おもしろそうな雰囲気だったが、もう三か月で組織はがたがただな。そのうち軍部のいいなりになるぞ。ハナこんなところに長くいるのか」

「うーん」と扇谷の質問に曖昧に答えながらも、安治にはもっと気になることがあった。河合栄治郎のその後だ。兵隊に獲られて以来知らぬままに過ごしてきた。事情通の扇谷なら知っているかもしれない。

「あれから河合先生はどうなった」

「辞めたよ。講義内容を右翼学生に雑誌に暴き立てられ、それが導火線になって、四冊の著書が発禁処分になり、河合先生は辞表を書かざるをえなくなった」

安治が大学に入る前の、学生左翼運動が盛んなころ、文部省の思想善導教授として、全国を講演して歩いた、自由主義の河合さえもが問題になり、大学を去らなければならない時代なのだ。扇谷によれば、矢内原忠雄教授も大内兵衛教授も大学を去ったという。

安治は茫然と皇居の緑を見ながらため息をついた。扇谷もため息をつきながら言った。

「立ち回りで、久富親分には迷惑をかけた。今夜謝りに行くのでつきあってくれ」

扇谷の言った通り翼賛会がぎくしゃくし出した。

民間の翼賛運動として構想された会に、陸海軍や内務省がしゃしゃり出て、近衛文麿がすっかり熱意を失った。翼賛会は赤だという周囲の批判に、三か月で後藤隆之助組織局長、有馬頼寧事務総長と結成の音頭をとった人間が次々と辞め、統制色は一気に強まった。そして安治を誘った久富自身も、混乱する組織にうんざりして翼賛会を離れていった。

そんな中で安治の仕事はやってもやってもなくならなかった。しかたがないので、安治が文章を書き、図案に落とすことも多かった。目的がわかっている安治がやるのが一番手っ取り早いが、それでは仕事は一向になくならない。

結局不満でも、日本宣伝技術家協会の人間や、出入りの印刷屋に指示してどうにか切り抜けた。

というのは一刻でも早く、新しく借りた元住吉の井田の家に帰りたかった。翼賛会入会の際に、久富と約束した「婦人の生活」の続編編集が待っていた。これだけはどうしても発刊し続けたかった。

ようやく四月十日に、第二弾としてB五判の「みだしなみとくほん」を生活社から発行した。

ついに横光利一に随筆「着物と心」を書いてもらった。松江高校のころに横光の文体を模した小説を書いた安治だ。横光に会え、自筆原稿が手に入るだけでも感激だった。再び林芙美子が随筆「からだを作れ」を寄せてくれた。無理と思っていた田中絹代が、心ほのぼのした随筆「明治にかえる」を書いてくれた。原稿の受け渡しの際に、慰問袋の缶の中から絹代のブロマイドが出てきたことを話すと、お役に立ててなによりでしたと絹代は微笑んだ。山の手美容院の吉行あぐりに「うちで結える髪」のいろいろを考案してもらい、松本政利が写真に収めた。女の国防服を安治は東京婦人生活研究会と共に考えた。裁ち方と縫い方の図柄をつけた。ゆかたを張った襖や、寒い時の羽織下と、まさに翼賛運動を安治自ら展開した。前回同様、安並半太郎の名前で

「きもの読本」三十五ページを書きに書いた。「幾つになっても女は赤を」と、味気なくなっていく世の中に少し抵抗した。時節柄、男の着物で作る国防服の項目も忘れなかった。

発行してみるとなかなか好評で、生活社のほうで次も出さないかと言ってきた。こんな時代に「お国のための事変国債を買いましょう」「護れよ祖国、備えよ敵機に」なんていう標語を選び、図案の指示をしているより、雑誌の編集の方がありがたかった。母と交わした約束がかろうじて守れているようで嬉しかった。

三冊目の「すまいといふく」は紙不足のため、今までの大判ではなく、残念だがA五判になった。今回も横光利一が「鳥屋の夕」と題する随筆を書いてくれた。林芙美子の「美しい家」、佐野繁次郎の「色を覚える」、服飾デザイナー田中千代の「戦争とみだしなみ」、武者小路実篤の「希望を言えば」と随筆はなかなか充実した。

特集は「すまい」と「いふく」の暮しの工夫をそれぞれ取り上げた。「すまい」は「四円五十せんで茶庭をつくる」という特集をした。安治が高校時代に体験した、どの家にも茶室がある松江の暮しぶりを、日本中に広げたかった。

「いふく」は着物地で作る自由に働ける服と、男ものの廃物利用特集だった。着物地をほどいて足もとがたっぷりして動きやすい服をデザインした。判型が小さくなった代わりにカラーページを入れることにした。ブラウスと男もののズボンをはいたももよの姿を手早くスケッチした。夜中に絵具を溶き、その素描に彩色をしていると、戦争は遠いもののように思えた。安並半太郎の名前で今回も「きもの読本」を書き、最終入稿原稿を整理した。

これで年明けに発行できるめどが立ったとほっとした。このまま寝ないで翼賛会に出かけることにしよう、そう思って立ち上がった時だった。

突然ラジオから臨時ニュースを伝える軍艦マーチが鳴った。ハワイ真珠湾攻撃の成功と、アメリカと戦闘状態に入ったことを、アナウンサーが興奮気味に叫んでいた。

さっきまで遠いと思っていた戦争が、本当に起こってしまった。まさか、と安治は茫然とした。国家情報に近い翼賛会宣伝部にいて、戦争に備えよと唱えながら、太平洋戦争が実際に起こるとは思ってもいなかった。その証拠に、「四円五十銭で茶庭をつくる」などという特集を組み、「力業をやれ」「木は高いから冬も青い草ものを買う」なんて文章を書き、松本政利と一緒につくばいの写真を撮っていたのだから。安治にとっても戦争は寝耳に水だった。これから忙しくなる。

安治はさっそくその日、明治製菓を訪ねた。翼賛会の突然の訪問に宣伝部員の戸板《といた》康二《やすじ》がいったいなにごとかと対応した。

「おたくに巡回車があるでしょう」と安治は切り出した。

確かに映写機を車台の横の窓から出して野外で映画を見せる仕かけの車をもっていた。地方の小学校や傷痍兵の病院で歌舞伎のフィルムなどを上映して慰問に回っていた。

「戦争が始まったので、都内の盛り場を回って、士気高揚のための演説を聞かせる計画なので、しばらくあれを貸してもらえないだろうか」

翌日、戸板は巡回車を東京會舘へさし回した。いがぐり頭で、国民服、ゲートルという勇ましい恰好の安治が乗りこんできた。最初に上野公園の石段の下に行き、車を止めて、軍艦マーチを流しながら、中国戦線や、マレー戦線の映像を流した。終わると車の屋根に安治が登り演説を始めた。

「ついに、ついに、昨日未明、日米決戦の幕が切って落とされた」

大きな身振りをまじえながら、短い言葉の一言ひとことを次々に放った。関西なまりだったが、なかなかの弁舌だ。聴衆はうなずきながら真剣に聞いている。みんなが真珠湾攻撃のニュースを知っているので、街は活気にあふれている。その活気を煽るように安治の演説の調子が高くなった。観衆の拍手が一段と高まった。うまいものだなぁ、原稿なしにこれだけの観衆を前にこれだけしゃべれる男はそうはいないと戸板は感心した。

次の盛り場池袋に回る途中で戸板は聞いた。

「なんでこの巡回車が明菓にあるのを知りました」

「前に天王寺の陸軍病院に入院していましてね。そこへこの車が巡回にきた」

そういうことだったのかと、ようやく戸板は納得した。

「あの時六代目菊五郎の鏡獅子を観せてもらったのだけれど、あれ、なかなかだった」

「あれは、小津安二郎が撮ったものでして」

「知らなかった、本当かね」

安治は感心し、菊五郎と羽左衛門のよさをしゃべった。そんな時戦争は遠いところにあった。池袋に着くと、安治はまた車の屋根に登り、身振りも大きく演説した。

巡回車に乗りながら安治と戸板康二は年内を過ごした。盛り場から盛り場への行き来の車の中で、二人は歌舞伎の話を熱心に話し続けた。

翼賛会ではさっそく標語を打ち出すことになった。宣伝技術家協会の文案家に標語を考えさせるにあたって、国民一人ひとりが不退転の決意をもつと同時に戦うべき相手が明確にみえるものが必要だと安治は指示した。さまざまな案が文案家から上がってきた。どれも帯に短く、たすきに長いものばかりで、選択に悩んだ。二つの課題を一つにまとめるから届かないのだ。標語を対にすることで、お互いの言葉が響きあい、深まるのではないか。文案家たちが考えてきた案から安治は二つの標語を選び出した。

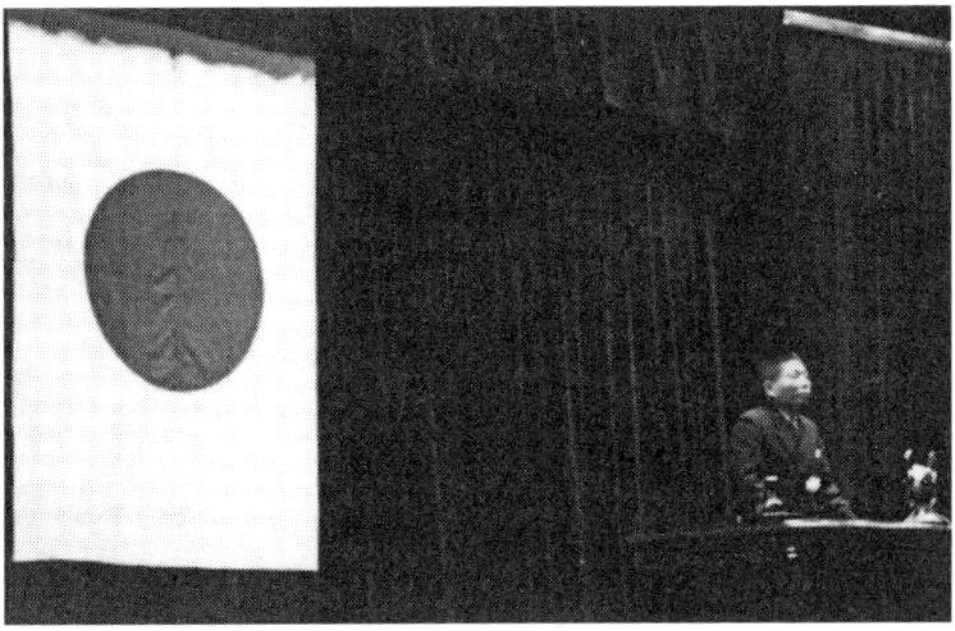

大衆を前に演説する花森安治
資料提供＝土井藍生氏

「進め　一億火の玉だ！」
「屠《ほふ》れ！米英我等の敵だ」

　二つの標語はいつも対になって掲げられた。翼賛会ではこの標語を対にして、民間の広告にも使ってもらうことにしたので、標語は町にあふれ出していった。開戦一年でさまざまな標語が作られたが、二つの標語はお互いがお互いを刺激し合い、人々の心の奥深くに届いていった。

　安治が編集した三冊目の本「すまいといふく」が翌一九四二年一月十五日発売された。表紙は佐野繁次郎が装丁した。青い絣地《かすりじ》の表紙を開くと、また別の模様の青い絣地が出てくるという凝った作りだった。戦争はその本からは遠いところにあった。

　しかし、確実に戦争は始まったのだ。掛け声だけ勇ましい標語や、ゼロ戦の絵だけがうまいポスターはなんの意味ももたなくなる。宣伝美術者が自分の手の内からひねり出す、巧みな言葉と巧みな絵などいらないのだ。なぜ戦いを持続しなければならないのか、どんな未来のために、今困窮生活を耐えなければならないのかを、明確に打ち出す必要があった。みんな小手先の職人芸で戦争を描こうとする人間ばかりだ。だから説得力が無くなる。結果、だれも国債を買おうとはしない、金《きん》を供出しようとはしない。力のある技能集団が欲しかった。

　安治には気になる集団がいた。太平洋戦争が始まる十か月前に「太平洋報道展」を企画制作した報道技術研究会だった。なぜ太平洋に荒波が立つのか、なぜ大東亜共栄圏の確立が日本にとって急務なのかと、この複雑な国際間の問題をわかりやすく説明していた。そこには宣伝美術の職人芸ではなく、広告という技法で政治を語ろうとする新しい試みがなされていた。

　調べてみると報研委員長は山名《やまな》文夫《あやお》といい、資生堂の広告を長くやってきた人だった。報研は、その山名を委員長とする資生堂グループの美術制作者と、森永製菓の宣伝グループが中心になり、結成された集団だった。なるほどと安治は納得した。あの戦地で慰問袋の中から森永のキャラメルの缶が現れ、その中に田中絹代のブロマイドが入っていた、あの仕かけを考え出すような人たちだ。「愛国行進曲」も「森永母の日祭」もみんな森永の仕かけだという。宣伝と政治をどう結びつければ、人の心は動くかを知りつくした連中なのだ。その中心になっているのが、新井静一郎という文案家だというもっぱらの噂だった。文案家というより、販売拡大の仕かけの専門家なのだろう。それに今泉武治というやはり森永の男が広告技術論に詳しく、第一次世界大戦の各国の宣伝戦の研究者でもあるというのだ。山名文夫、新井静一郎、今泉武治という宣伝企画者のもとに資生堂、森永製菓、東宝、小西六などの宣伝美術者が結集したのが、報研だった。

太平洋展以降も情報局やほかの機関の国家情宣で、安治がこれはと思うものは、決まって報研がかかわっていた。「戦う独伊展」「大東亜戦争展組みポスター」「満洲国十周年ポスター」「シンガポール陥落の立て看板」「海洋思想普及展」「空ゆく少年展」「日鉄清津工場鎔鉱炉建設のための組みポスター」といつも質の高い仕事ぶりだった。

こんな人たちと仕事をしたいと思いながらも、情報局が育てた技能集団を引き抜くような真似はできないと、この一年半、報研の仕事ぶりをずっと見てきた。しかたなく安治は、自分が翼賛会に入る前から出入りしている広告技術者たちを不承不承使ってきた。しかし何度言っても手垢のついた文案と旧態依然とした図案ばかりだった。結局、安治が文案を直したり、図案に手を入れたりしないといけない。しかし戦局の急転と共に安治の手も回らなくなってきた。

安治はすがるように、新橋烏森口にある報研の事務所へ電話すると、一度会いたいと言った。どんな男たちがやってくるのだろうと安治は期待した。

電話をもらった報研も喜んだ。というのはこの一年半、情報局の仕事が評判を呼び、さまざまな省庁、団体と仕事をしていたが、みんな自分の会社の仕事を抱えながら、国へのご奉公のつもりでやってきた。しかし、各社とも販売規制が強まり、ここにきて宣伝そのものがたちいかなくなってきた。仕事を失くした人間もいる。今までのようにみんなの奉仕精神に頼って、三十人以上に膨れ上がった集団を維持するのは大変だった。安定した仕事の量と、収入が欲しかった。

それには、今、日本で一番多く広告を作っている、翼賛会宣伝部からの誘いは、喉から手が出るほどの思いで、ありがたかった。

「山名さん、電話をかけてきた花森というのは、なかなかおもしろそうな人ですよ。というか広告の本質がわかっている。こういう人との仕事はきっとはかどり、今まで以上にいいものができますよ」と新井静一郎が確信に満ちて言った。

軍人やお役人を相手にしていると、だれになにをなんの目的で語りたいのか、一向にわからない時がある。最終目的がわからなければ広告表現ができるわけがない。それを質すと、馬鹿野郎それを考えるのがお前たち広告屋の仕事だろうと、怒鳴るのだ。国家情宣に対する最終目的も戦略も構築できない人間が、多くの場合、山名たちの得意先だった。それが、今度の花森という男は違うかもしれないと、新井は言うのだ。どうしてだろう。

「これを読みましたか」と新井は、電通の広告研究誌「宣伝」一九四二（昭和十七）年五月号を差し出した。たまに山名も論文を寄せる雑誌だ。まだ読んでいなかった。

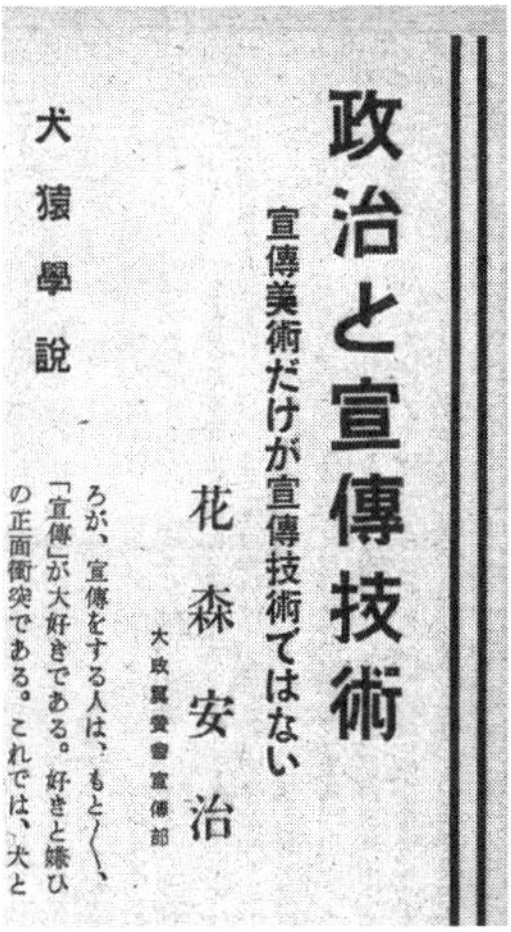
政治と宣傳技術
宣傳美術だけが宣傳技術ではない
花森安治
大政翼賛會宣傳部
犬猿學説
ろが、宣傳をする人は、もと〱、「宣傳」が大好きである。好きと嫌ひの正面衝突である。これでは、「犬と

花森の広告論文
「宣伝」1942年5月号より

さっそく開いてみた。

巻頭は「英国は印度に何を与えたか」という海外取材グラビアだ。インドとアフガニスタン国境線に立つ、シンクリ族の国境警備兵が写っている。兵士の向こうがアフガニスタンの風景なのだろう。そ

れにしてもわざわざ遠くまで力の入った取材だ。山名は目次を開いた。「宣伝の日本的性格」という随筆を長谷川如是閑が書いていて、その横に「政治と宣伝技術／花森安治」というのがあった。これだなとページを開いた。「宣伝美術だけが宣伝技術ではない」という小見出しの横に「犬猿学説」とあった。その命名の由来は「いま仮りに、政治をする人と、宣伝をする人とがあるとしよう。政治をする人は宣伝ということが嫌いか、軽蔑しているのである。ところが宣伝をする人は、もともと宣伝が大好きである。この二つの人間のあいだには、はっきりした区別があって、まるで水と油で、犬と猿」だからなのだと言う。なかなかおもしろい視点の持ち主のようだと思いながら、山名は先を読み進めた。

おかしなことに、こういう学説を言いふらすのは、どうも宣伝をする人に多いのである。まるで、前世から約束された仇みたいに、政治をする人が、宣伝を軽蔑する、といって口角泡を飛ばして、怒るのである。

こういう宣伝人がいるために「決して宣伝を嫌いでもなく、軽蔑もしていない人たちまで、宣伝嫌いに」させてしまい、結果、「宣伝嫌いの人たちは宣伝というものはポスターを作ったり、標語を考えたり、写真を組み付けたり、職人のやる仕事ではないかと考えて」しまう。どうしてそんなことになってしまったかといえば「そのわけは簡単で」、「口角泡を飛ばして宣伝のために怒る人たちの多くが、ポスターだとか、新聞広告だとか、写真の構成とか、宣伝美術のことだけしか言わないから」で、「この不法占拠をやめないかぎり、可哀そうに宣伝はいつまでも誤解され続けてしまう」だろうと花森は嘆いていた。確かに自分の周りも、こういう輩ばかりだと、山名はだれ彼の顔を思い浮かべながら、花森の宣伝論を読み進めた。

法律を作る、ということは、政治をする人の仕事である。けれども、いつ、どんな時に、どんな内容の法律を作るか、それを、どんな風にして発表するか、与える影響や効果を考えるということ、それも「宣伝技術」である、立派な「宣伝」である。「宣伝技術」に必要なのは、手や足よりまず「眼」である。（略）家を建てる人が、政治をする人だとしたら、宣伝をする人は、設計する人でなければならない。建築のことを何も知らない人でも、どんなふうな家を建てたいか、という意見は持っている。それを、うまく活かしてゆく人が設計する人である。それを抜きにして、大工まかせの仕事をしていると、とんでもない家が出来あがるのである。（略）「宣伝技術」を知っている、政治をする人。政治を知っている、宣伝をする人。その人こそ「宣伝技術家」である。

「ねえ、おもしろいでしょう」

読み終わった山名の顔を覗きこみながら、新井が興味深そうに言った。

「痛いところを突かれたね。この花森という人は宣伝がなにかをよくわかっているね」と山名はうなずいた。

「同時に日ごろから困っていたのは、政治の側がしょせん宣伝美術者にすぎないわれわれに、宣伝を全部丸投げしておいて、やれ政治がわかっていない、政治を知らないと言い出すことです。政治の側に宣伝技術家がいなかったことも、確かでしょう。こんな意識の人が現れてくれれば、われわれもありがたい」

新井は、いかにもこんな人を待っていた、と言わんばかりだ。

「でもこの人自身が、翼賛会では職人とみられているんだろうな。自分は宣伝技術家なりという自負があるけれど、だれもそう見てくれない悔しさがこの文からは読みとれるね」

「宣伝を展開していくには戦略構築が一番重要なのだという意識は世間にありません

からね。しかし、犬猿学説といい、不法占拠といい、わかりやすい言葉を使う人ですね」と文案家の新井は自分の専門分野のことだけに感心しきりだった。

「みんなもって回った物言いがいいと、難しい言葉を振り回す時代に、こんなやさしい言葉を使えるのは一つの芸かもしれない」と言ったあと、山名はつけ加えた。

「ただちょっと回りくどいところが難だけど。会うのが楽しみだ」

「宣伝」に「犬猿学説」論文を載せ、山名文夫に連絡をとるという忙しい生活を送りながら、安治は生活社から四冊目となる「くらしの工夫」を一九四二年の六月に出した。横光利一が「勝負」、林芙美子が「京都の借家」、佐野繁次郎が「色の暈《かさ》」を書いた。尾上菊五郎が随筆「着物の参考」を寄せてくれたことが安治にはことのほか嬉しかった。安治の手になる特集では写真や型紙、自らの挿絵を駆使して「昔の人の節約」「汗とりの実際」「古ゆかたでのれん」「働く服のきこなし」と、まさに生活の隅々にまで、翼賛運動の実際を展開した。もちろん今回も五十ページにわたり、安並半太郎の名前で「きもの読本」を書きに書いた。そして表紙に紺の朝顔の浴衣地を配したら、雑誌から戦争は遠いものになった。できあがったばかりの「くらしの工夫」を前にすると、あと六冊、全部で十冊にわたる編集構想も確かなものになり、安治は張り切った。しかし「戦時下にこれ以上こんな雑誌を出していくのは無理です」と、生活社の鉄村大二は首を横に振った。用紙確保もままならないのが現状だと言う。

そうか、後は松江高校、帝大新聞と一緒だった田所太郎がやっている、日本読書新聞のカット描きだけを個人的な楽しみにするしかないかと、雑誌作りはあきらめた。

政治の宣伝技術家、花森安治が、まさか暮しの工夫を説く、雑誌編集者であると同時に、日本読書新聞のカット描きとはつゆ知らず、山名と新井は東京會舘に行った。

「報道技術研究会委員長　山名文夫」

名刺をもらって、安治はようやく気づいた。目の前にいるのは、神戸元町で本を読み漁っていた中学生のころに、雑誌「女性」で題字を書き、表紙の絵の横にａｙｏとサインを入れていた、あの山名文夫だった。そのあこがれの人が自分の前になんと四十五歳の報研委員長として現れたのだ。安治の心は躍った。

最初の仕事は太平洋戦争二年目の十二月八日に合わせて、開戦当時の高揚感と決意を今一度思い起こさせ、国民の気持ちを引き締めようとする、開戦一周年記念ポスター作りだった。

新井が「十二月八日。どんな艱難にも耐えようと固く誓った日だ」と書いた。

さて、このポスターをどう作るか。結局、十二月八日という日にちをどれだけ力強く、視覚的に残すかしかないだろうと安治は考えた。あの日、ラジオの臨時ニュースで突然軍艦マーチが鳴り、ハワイ真珠湾攻撃の成功が伝えられた時に、みんなが浮き立った気分と、その日にちだけは、今もはっきりと全国民に記憶されているのだ。だから新井が簡単に添えた言葉以外の解説はいらない。この日にちを視覚的に強く印象づければ、それ以上のことを言わなくても、ポスターを見た国民は内なる高揚を感じとってくれるはずだ。どれだけ「十二月八日」を強く表現できるか、それだけを安治は報研に頼んだ。それが宣伝技術家、花森安治の唯一の指示だった。

山名は報研の宣伝美術者たち一人ひとりにレタリングを課した。資生堂、東宝映画のレタリングをしてきた精鋭の職人たちだった。山名自身も数点のレタリングを描いた。

安治のもとに何点もの作品が持ちこまれた。職人たちが自分のもてる技術のすべてを十二月八日の文字に託したのだ。ここでその選択に手を抜いたら、宣伝技術家としての立場がなくなる。世の中をどこへ向けないといけないのかは自分が一番よく知っている。その政治の意思のもとにレタリングを選ぶのは、宣伝技術家、花森安治の役目だった。安治は朝からうんうんうなって、ああでもない、こうでもないと考え抜いた。夕方まだ考え抜いている姿を見て、山名が「私もしつこい人間だが、花森さん、あんたはそうとうしつこい人ですね」とあきれ果てたように言った。

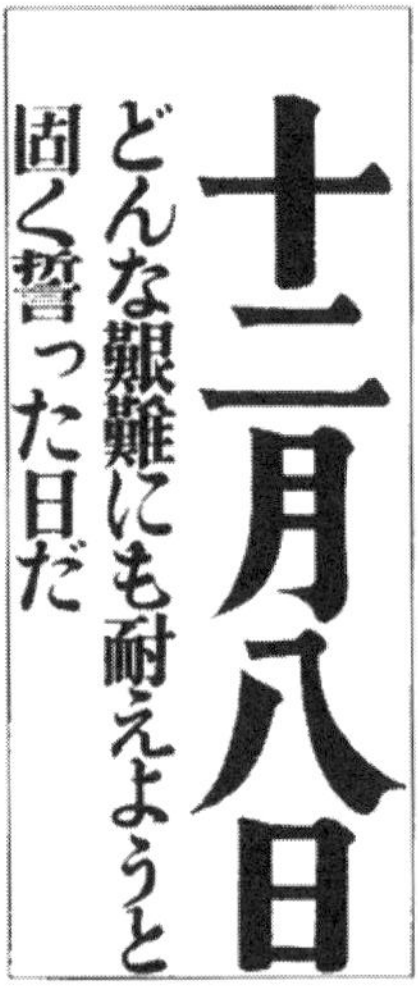
十二月八日
どんな艱難にも耐えようと
固く誓った日だ

1942年大政翼賛会ポスター
山名文夫『体験的デザイン史』
（ダヴィッド社、1976年）より

開戦にあんなに沸き立った世間の気持ちも、一年近くもたつと冷めていた。文字だけでその気持ちを高揚させるには、おろそかな気持ちでは選べなかった。ようやくこれでいこうかと、へとへとになりながら安治は山名に、村上正夫が描いた文字を差し出した。

安治が選んだ「十二月八日」の文字の開戦一周年記念ポスターは、国民一人ひとりの中にあるあの日の気持ちを、再び確かに思い起こさせた。

翼賛会宣伝部では、開戦二年目の十二月八日に向けて、この「十二月八日」のポスターだけでなく、さまざまな企画が進められた。

「大東亜戦争一周年記念、国民決意の標語募集」もその一つだ。主催、翼賛会・読売新聞社・東京日日新聞社・朝日新聞社、後援、情報局だった。十一月十五日に小さな囲み記事で告知があり、その二十七日にはもう当選作を発表と、応募期間はわずか一週間という慌ただしさにもかかわらず、熱狂した人びとからの応募数は実に三十二万点あまりもあった。「足らぬ足らぬは工夫が足らぬ」や「欲しがりません勝つまでは」など十の標語が選ばれた。

安治は標語ポスターのレタリングを報研に頼んだ。報研では「十二月八日」同様、図案家総動員で十の標語のポスター用レタリングにあたった。できあがった標語ポスターを山名が翼賛会に持ちこむと、それらを細かく確認しながら安治が言った。

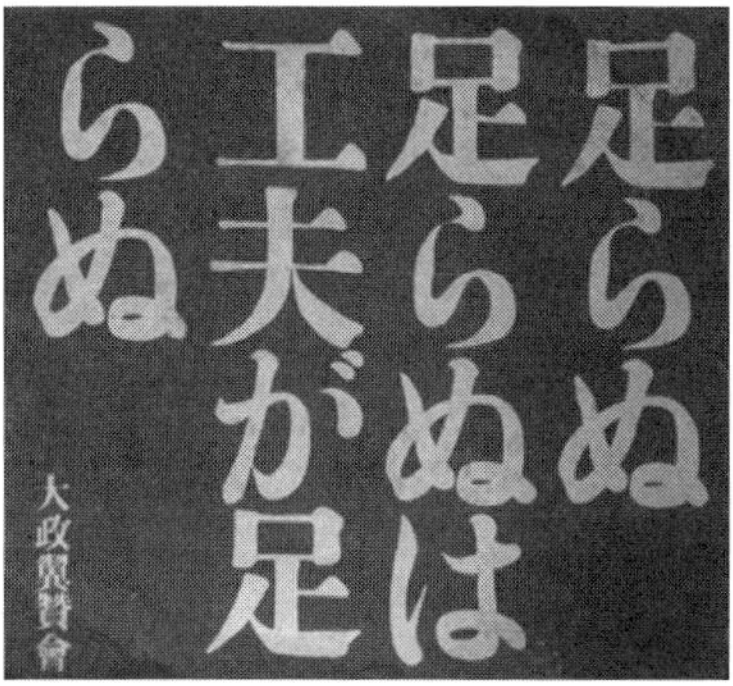

1942年大政翼賛会ポスター
山名文夫他『戦争と宣伝技術者』
（ダヴィッド社、1976年）より

「たんなる呼びかけの標語ポスターで、本当に人は動くのだろうか。私はもっと具体性のある説得がこの戦争には必要じゃないかと思っているのです。読む人の心に深くかかわってくるものが作れないかと。それも町の真ん中で」

「壁新聞ということになりますね。でも、どこで作っているのもひどい」と山名は言った。

「一番の問題は、だれが言うかの視点の問題でしょう。これまでのものは政府がああせいこうせいとか、隣組が見てるぞと、お説教するものばかり。だからだれも読んでくれない。

語り手の視点を変えれば、壁新聞は絶対に新鮮になり、みんなから注目されると思うんだ」

「視点を変えるね。なかなか難しいですね、だれにしゃべらせましょうか」と山名が悩んだ。

「どうだろう、下からってのは」と安治が言うと「下って？」と山名がたずねた。

「命令されるのではなく、部下が願い出るんですよ。きっと新鮮な感覚になると思う。それなら人は立ち止まって読んでくれると思う」

報研に持ち帰って新井に言うと、「いいですね。上からではなく下から訴えるか。新しい。確かにあの花森という人は宣伝技術家ですよ。さっそく書いてみます」と目を輝かせた。こういう時の新井静一郎の仕事は早かった。次の日にはもう文案を仕上げた。


おねがいです。隊長殿、あの旗を撃たせて下さいッ！

次々と倒れてゆく散兵線で、たまりかねた兵隊が絶叫する。「畜生！　あの旗が撃てたら……」あの旗。上海戦でも南京攻略でも、どこでも冷然と敵陣地の上に掲げられていた――米英の国旗。その旗が、支那事変始まって以来、第三国の名にかくれて、事ごとに我が作戦を妨害したのだ。その旗が皇軍将兵に無念の血を流させたのだ。今抑留同胞に非道な虐待を加えつつあるのは誰だ。病院船を撃沈したのは誰だ。可憐な国民学校の児童に機銃掃射を浴びせたのは誰だ。漂流するわが遭難乗組員を追求、砲撃したのは誰だ。しかも……正義と人道を世界中にわめき散らしているのは誰だ。ルーズベルトやチャーチルよ、反攻を豪語したければするがいい。長い間、我々が悲憤をたぎらせたその旗を、今こそこの手で引き裂き、この足で踏みにじってやるのだ。見ろ！　我々の喜びに輝いたこの力強い顔を、もはや不平もない、泣き言もない、すべての生活、すべての希望を、この一戦にかけて、国内も戦場も、我らは戦いに戦い抜くのだ。この地球上から米国旗と英国旗の影が一本もなくなるまで、撃って撃って撃って撃ちのめすのだ。

「いいね。さっそく花森さんのところへ持って行こうか」

二人は翼賛会宣伝部の扉をあけた。安治は何度も新井の原稿を読み返した。

「これは強い壁新聞になる。でも一つだけひっかかるところがあるんだな」

安治はペンを取り出すと、新井の書いた原稿の見出しの「撃」を「射」に直しながら言った。

「『おねがいです。隊長殿、あの旗を撃たせて下さいッ！』の『撃たせて下さい』は『射たせて下さい』としたほうがより強くなるはずです」

その後、花森はひと呼吸おくと自身に言い聞かせるように言った。

「戦線の最前線では『撃つ』という感じではなく『射つ』という感じなんだ。実際自分は従軍手帖に『左翼射つ、右翼射つ、銃声に馬、狂奔んとす、凍れる江』と思わず書いたことがある」

一銭五厘の赤紙で戦場の最前線に引き立てられ、実際に恐怖の中で必死に銃を乱発してきた経験のある花森にしか、指摘のできない校正だった。

山名はさっそくラフな図案の構成にとりかかった。命令する側ではなく、命令される側のやむにやまれぬ気持ちが、壁新聞全体から出てこなければいけない。山名は「おねがいです。隊長殿、あの旗を射たせて下さいッ！」という二行を大きくたたせた。旗は見えないほうが効果的だろう。兵士が指差しながら願い出る姿が、新井の文章をさらに強いものにする。山名のラフスケッチに安治は、この壁新聞が町中で話題になるのを確信した。文字を資生堂の岩本守彦が描き、指差す兵士の絵を森永の栗田次郎が描いた。安治が仕事を頼んでから一週間目で印刷所に入稿された。こんなに的確に、こんなに緊張感のある図柄を、やすやすと作り出す集団を、安治はほかに知らなかった。

町中に貼りだされるとだれもが足を止め、壁新聞を食い入るように読んでいた。

そう、宣伝とは「宣伝技術を知っている、政治をする人。政治を知っている、宣伝をする人」である宣伝技術家の仕事なのだと、安治は群衆を見ながら改めて自分に言い聞かせた。

安治の企画した「あの旗を射たせて下さいッ！」は、戦時中の「戦う広告」の代表作の一つとして、だれしもの記憶の底に、強烈に残るものとなった。

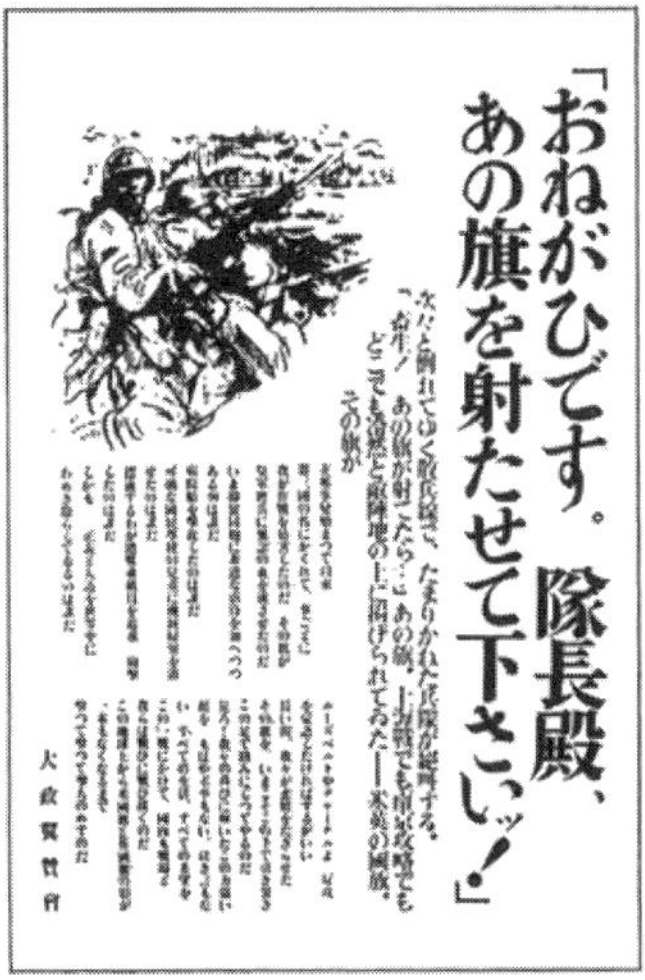

1942年大政翼賛会壁新聞
山名文夫『体験的デザイン史』（ダヴィッド社、1976年）より

国民に耐久生活を強いる翼賛会が、壮麗な東京會舘を使っているとの多くの批判を受けて、翼賛会は霞が関の安物建築という感じの旧国会議事堂に引っ越した。

慌ただしかった開戦一周年記念日も無事終わり、安治は届けられたばかりの電通が発行する

「宣伝」十二月号を少しのんびりした気持ちで読んだ。

山名文夫が「大政翼賛会選定文字『十二月八日』宣伝字体制作報告」を書いていた。

「十二月八日は宣戦の大詔を奉戴したあの朝の感激である。支那事変の何となく割り切れない暗い気持を瞬時に吹き飛ばした晴爽な風が起こった日である。明るい朝である。はつ日を拝むような崇い明るい感激」を制作字体に込めたと書いていた。

安治は自分の選定した書き文字が間違いでなかったことを確信した。

新井静一郎が「十二月八日以後の国内宣伝」と題して開戦一年間の国内宣伝の総括を行っていた。この一年情報局を始めとして各団体からさまざまな宣伝活動がなされたが「標語を受取った我々が絶えず念頭に掲げ続け、何処にでも貼りめぐらそうとする情熱を掻き立て」「感情が露骨に出て、生々しい印象を与えたという点で優れ、現在も国民の感情の底に生き続けている」のは、翼賛会制作の「進め　一億火の玉だ！」「屠れ！米英我等の敵だ」の対標語だと、安治の仕事をほめていた。

山名文夫、新井静一郎の論評に満足しながら、安治は一九四三年の正月を迎えた。


「おごそかに　富士まず燃えて　いくさ春」

「われらは特別誂えの人間にあらざるなり、われらは国民の一人なり、国民の一人先ず動かずして何ぞ一万の億の国民動かんや、これ宣伝者の信念なり」

「衆を愚かなりとし、本能のみに動くとするは、外国の宣伝なり、万人が、勤皇護国の烈士となす、これ日本宣伝道なり」

この一年、宣伝技術家として安治は日本宣伝道をひた走った。

「私たちは何のために生まれたのか」とふと思うこともあった。心のままに手帖にその言葉を書きつづっていると電話が鳴った。

小山勝太郎と名乗る男に記憶がなかった。安治の怪訝そうな声に男は「東京婦人生活研究会の」とつけたした。すぐに思い出した。安治が「婦人の生活」「みだしなみとくほん」を編集した時に、女の国防服の提唱で一緒になった小山だった。

「これだけ耐乏困窮生活が続くと、毎日の生活の中で、婦人の創意工夫が時節柄ますます重要になります。東京婦人生活研究会としてあのような本をぜひもう一度出してみたいのです」と小山は電話口で言った。

新たな出版社も見つけ、印刷のための用紙の手配も終わっていると言う。思いもしなかった申し出に安治は興奮した。本来翼賛会が地道にやらないといけないことだった。小山の真剣な熱意に打たれて、安治は忙しい中を雑誌編集に奔走した。

横光利一が「今日の挨拶」、佐野繁次郎が「色彩教育」、尾上菊五郎が「できぬ事はない工夫」の随筆を書いてくれた。海軍大佐平出英夫の「海軍のみだしなみ」、陸軍主計大佐三徳泗水の「兵隊の服」と用紙の手立てに配慮した随筆も入れた。特集は「火事着」「腰ばんてん」と日増しにましてくる空襲に備えたが、一色染めの矢絣の図版を入れることで安治らしさを加味した。これだけ戦局がひっ迫してくるとこんな雑誌が出せるのも最後かもしれない。そう思うと、「きもの読本」を書く手に力が入った。安並半太郎の名前でなんと百二十ページにもわたり、書きに書いた。

一九四四（昭和十九）年三月築地書店から「切《きれ》の工夫」が刷り上がってきた。さすがに用紙の困窮から体裁はB六判となったが、こんな時局に一冊の雑誌が出版できるだけでありがたかった。

安治は「切の工夫」を手に取りながら思った。自分は生活をどう工夫するかという翼賛運動が根っから好きなのだ。翼賛会にこんなに一生懸命になるのも、戦争という困難な時代にこそ、日々の生活改善が有効性をもつと信じるからだ。そして満足そうに紺地に菊の文様の表紙を何度も開いた。

だが、そんな小さな満足も瞬時に蹴散らし、安治を恐怖の底に陥れるものが舞い込んだ。

二回目の赤紙だった。

またあの人格を摩耗させていく暴力の日々が始まるのかと思うとぞっとした。再びあの極寒の地に行くのだろうか。

それが宇野に集められた。今度は南方に送られるのだとわかった。赤紙で各地から急遽集められた兵隊がみんな揃うまで、宇野の港で暮した。出発の前夜に爪を切り、髪を丸坊主にしたら、兵隊という人格のない日常に還って行く覚悟ができていた。

全員集合して軍服をもらい、弾をもらった。いよいよ部隊の出発になった。死を覚悟した。

何人かが突然名前を呼ばれた。

花森安治上等兵。

自分が呼ばれたとわからず、隣の兵隊がお前だと背中を押した。

原隊復帰だと言われた。原隊復帰が職場復帰の意味だとわかるまでしばらくかかった。

『切の工夫』の表紙
（築地書店、1944年＝著者蔵）

狐につままれた感じだ。最終確認で「大政翼賛会宣伝部勤務」の文字が効いたのだろう。嬉しかった。嬉しさがこみあげてきた。それを見せてはいけないと、必死に顔を固くした。

数人の原隊復帰者の前を部隊が出発して行った。敬礼をしながら見送った。

トラックに乗って駅に向かった。死に地におもむく自分の隊とすれ違った。それなのに安治の姿を見つけて彼らは「お、花森、お前元気でやれよ」「おい、頑張れよ」と下から声をかけてきた。

後ろめたさに、安治は一言も声を出すことができなかった。

一九四四（昭和十九）年七月、翼賛会の三回目の組織改編で、安治は宣伝部から新しくできた文化動員部の副部長になった。

翼賛会では部長は本省の課長級、地方なら知事にあたり、副部長なら地方県庁の部長級にあたった。三百人近い組織で局長が五人、部長が二十人、副部長が五十人と、約三分の一が官庁や民間団体の役員、地方議員の天下りだった。ならば残りの職員がみんな働けばいいのだが、満洲浪人や、転向者と、八紘一宇や国体しか言わないがちがちの右翼が共存し、これがどちらも働かなかった。それでいてみんな高給だけは食んでいた。働かない組織だから、内部の部員からの昇格人事はほとんどなかった。

安治の昇格はその珍しい事例の一つとなった。厖大な数の国家情宣企画をこなす、政治の宣伝技術家、花森安治の技量と存在を、翼賛会は認めざるをえなかった。新たに杉森久英、岩堀喜之助などが安治の部下になった。しかし副部長として頼れる者は翼賛会の中にだれもいなかった。結果、安治の中で報研だけが、より重要で必要不可欠な存在となっていった。

戦争の激化と日ましに激しくなる空襲を避けるようにして、それぞれの組織は引っ越しをくりかえした。翼賛会は霞が関の旧国会議事堂から、日比谷公園の西隣にある、もと府立第一中学の空き校舎に引っ越した。

報研は新橋烏森口から、ソ連大使館裏の民家、六本木の軍人の家、そして駒場にある建築家山脇巌が疎開したアトリエへと、逃げ延びるように引っ越しをくりかえした。駒場のアトリエを安治がたずね、報研会員のだれかが器用に手作りで作った、大きなベニヤ板の机を囲んで、一緒にアイデアを出しあい、企画の最終判断を下すことが多くなった。

仕事が終わると経理担当の田中政江が雑炊料理を作り、どこから仕入れてくるのか、紹興酒まで調達してきて、ささやかな宴会を開くこともあった。もう食料事情は悪化し、配給さえ日ごとに少なくなっていたが、政江は食料調達の才能に長けていた。政江が余興にフラダンスの真似などして見せたりすると、日ごろ暗い顔をしていたみんなが手を叩いて笑った。そんなひと時、戦争は遠いところにあった。

「花森さん、支那の戦場でも支那酒は手に入ったんですか」と聞く山名に対して、

「バカ言っちゃいかん。支那酒どころか酒の一滴もあるものか。そのくせ将校は飲んでいるんだから。ひどいもんだった、戦場は。お前らの代わりは一銭五厘の赤紙でいつでもくるが、軍馬の替えはきかないから大切に扱え、だからね」

と、中国戦線での苦労と軍隊生活の大変さを、安治は酔うとよく、仲間うち意識の報研会員の前では、つい口に出してしまった。

花森の言葉のはしばしには、戦争体験者だけが知る軍隊生活の嫌気さと、結核を患い、傷痍軍人として帰らざるをえなかった後ろめたさが滲んでいた。同時に、戦場から持ち帰ったまま、今も引きずる奇妙な高揚感を、山名は花森の中に見てとり、複雑な思いにかられた。

戦局が厳しくなる中で翼賛会の仕事はなくなっていった。手持ち無沙汰の職員たちは、ただ広くて薄ら寒い昔の教室に陣取り、軍や政府批判、自分が仕込んできた大本営発表と食い違うニュース、食料不足の愚痴などを、ストーブに手をかざしながら話していた。

「なぜあんなに働くかね、あいつは。今さらこんな日本で翼賛運動でもないだろう」

あいつが、だれを指すのか、途中から部屋に入った安治にはわからなかった。

「ありゃ職人だからね。職人は手を動かしていなければ気が済まないのだよ」

だれかが言ってみんなが笑った。ようやくそこで自分のことを噂しているのだと気づいた。

しかしみんなわかっていない。自分のことを、器用に絵を描き、巧妙に文章を操る職人くらいにしか思っていない。違うのだ。国家が遂行しようとしているこの戦いを、軍人たちの論理と言語で伝えても、人々はわからないのだ。庶民の思考回路と、庶民の言葉に置き換える必要があるのだ。こんなに追いつめられた今だからこそ、国家は宣伝技術家を必要としている。庶民がわかる政治。政治がわかる庶民。翼賛会でだれがやれるというのだ。翼賛会部員三百人といえども、その任に就けるのは自分しかいないと思うから働くのだ。

放っておくとなにをするかわからず、飢え死にするかもしれないと心配して、翼賛会は職員を養っているわけではない。翼賛会が黙っているのをいいことに、ただ無為に惰眠と怠惰を貪る職員のなんと多いことだろう。安治にはそんな彼らの生き方はできなかった。許せなかった。

自分の噂話をしている場を静かに離れると、安治は駒場にある報研の事務所に向かった。結局、ここにしか自分のことをわかってくれる人間はいなかった。

駒場の事務所に立てこもるようにして、報研会員十名は物資の窮乏と空襲に晒されながら、運命共同体のように結束を強めていた。ぎりぎりの生活条件下で結びついた集団は、もう仕事だけの集まりではなかった。畑を耕し、家庭菜園を作り、図案をおこし、レタリングをし、そして絵を描いた。

安治はそこへ行って宣伝技術家として、「羊毛は残さず供給しましょう。極寒零下四十度の千島北満を護り続ける兵隊さんを考えて下さい」という自らの依蘭体験を形にし、パラシュートの材料捻出のために、「絹も決戦場へ、蚕を飼おう、繭を作ろう」という絹増産ポスターや、「カゼイン増産、牛乳を一しぼりでも飛行機へ」と、牛乳からとれるカゼインを航空機の塗装材料の代用にするための、牛乳増産ポスターを依頼した。移動展としては塩、米ぬか、とうもろこし、さつま芋、砂糖から航空燃料を作る「図解展・すべてを航空決戦へ」「現金を持つな移動展」「繊維増産移動展」「アメリカ残虐物語展」「一億憤激米英撃砕展・これがアメリカだ」や「戦時生活明朗敢闘展・これがラバウルだ」を企画した。

「一億憤激米英撃砕展」に対して安治は、あくどい暴露とことさらなる悲痛感を避け、逞しく憤激の情を燃えあがらせるようなものにして欲しいと依頼した。世間でよく行われている寄せ集めや羅列式の展覧会にはしたくなかった。報研は「これがアメリカだ」の大文字の見出しの横に、ゴリラの写真を配し、「アメリカは何をしてきたか」という小見出しをつけて、一人の日系人を集団で殴りつける写真や、漂流する婦女子に敵潜水艦が掃射を加える挿絵など、一枚一枚の画面の隅々にまで周到な注意を払ってそれを形にしてくれた。

1945年報道技術研究会員と（左端山名、中央が花森）
『山名文夫作品集』（誠文堂新光社、1982年）より

「戦時生活明朗敢闘展」は当初、工場の徴用労働者の敢闘精神を呼びかける移動展を企画していた。しかしもう生産増強を呼びかけても、日本中のどこにも原材料がないのだから、意味がなかった。そこで安治は戦時生活の明朗敢闘精神を呼びかける事例として、ラバウル将兵たちが、敵地の真下の地下壕で明朗果敢に戦っている地下生活をさまざまに描いて、各工場の敷地内広場で展示しようと考えた。

新井が陸軍からていねいな取材をしてきて、今ラバウルの地下壕の現場にいるとさえ思わせる文章を次々に書き上げた。

「わが鉄の要塞ラバウルは、敵の熾烈な猛爆下、言語に絶する激闘の明け暮れを迎える。昭和十八年十月から十九年七月までに、敵機の来襲実に二万三千四百九十二機、一木一草をも見逃さぬ執拗な爆撃銃撃の連続である」

「昭和二十年二月わが制空権ついに喪失、三月地上施設壊滅、四月後方との連絡困難となり、五月補給絶ゆ、ラバウルは敵の重囲の中に陥ちた」

「延々四百キロに及ぶ長大な一大洞穴の貫通が終わった。諸施設が続々完成し、明朗敢闘の生活が始まった」

「椰子の実の油から石鹸も作る。草木の繊維から糸をとって織物を織る。マッチもできた、紙もできた」

「ラバウル、四周これ皆敵である。しかもついに無援の孤島を百年不落の砦となし終わった。欠乏も不足も、勝つ以外に何事も考えぬ勇士の前にはものの数ではなかったのである」

「どんな激しい空襲にも絶対安全な地下工場、内地の工場も早くこうなってもらいたいものである」

山名がラバウル地下壕の生活の実態を二十面の組みポスターにして展開してくれた。「ラバウル移動展」は、一九四五年五月に完成した。

全国に空襲被災地が増え、国民に耐久生活を訴え続けることはもう不可能だった。「戦時生活明朗敢闘展・これがラバウルだ」の完成を待つようにして、翼賛会はついに解体解散した。

電通が出す雑誌「宣伝」の一九四五年六月号に、報研の大久保和雄が「翼賛会宣伝部の解散に際して、花森安治氏に与う」という文を寄せてくれていた。暇のできた安治は、それを自宅で読んだ。

「翼賛会には、器用に仕事を〝流す〟人は多かったが、それを〝生む〟人〝創る〟人は少なかったように思いますね。たとえそれが〝上〟からの天下りの仕事であっても、自分の仕事として回されてきたら、一度そこでせき止めて、創意を加えて練りあげる熱意があればよいのですが、その努力さえ惜しんでいた人が多かったように思いますね」

「兄は弁舌家でも文案家でも美術家でもありません。ただそれらの本質を手早くつかんで鋭く表現する特殊な直観的才能に恵まれていたと思うのです。兄の立場は、抽象的な宣伝理念を具体的な形象として把握する〝宣伝企画技術者〟の中にあると小生は考えるのです」

大久保の与えてくれた称号〝宣伝企画技術者〟に、安治は満足した。翼賛会と報研の間には自分の存在が必要であり、意味があったのだ。

安治は新しくできた戦災援護会に職を見つけた。といっても臨時雇用だった。翼賛会で働きに働き続け、ほとんど家庭というものを顧みることのなかった安治にとって、午後ちょっと顔を出せばいい戦災援護会は、なんだか手持ち無沙汰でいけなかった。国民学校二年生の娘の藍生が夏風邪をひいて寝込んでしまった。横で童話を読んでやった。娘に童話を読んだことなど一度もなかったなと苦い思いがこみ上げた。藍生はもっと読んでくれとねだり、安治の外出が遅れた。

童話を初めて読んでもらった藍生は興奮し、さらに熱を出した。

ももよが「そんなめったにしないことをするから熱がひどくなるのよ」と怒ったが、安治には遅刻も、妻の怒りも、なんだか心落ち着けるものだった。暮しという言葉が思い浮かんだ。

「ひょっとしたら自分は、こんな安らぎを忘れて、走り続けてきたのかもしれない」

しかし安治はすぐにそんな想いを捨てて、戦災援護会の「第一回写真移動展、焦土の戦友」の企画に没頭した。空襲で被災した人々をみんなで助け、早く職場に就き、集団帰農して食料の増産に励もうと呼びかける十五枚の組みポスターの企画案だった。

七月十五日、山名がいつものように、その企画を周到な展開案に構成してくれて、安治は満足して、山名の話を聞いた。

七月二十七日、安治は戦災援護会の食料増産のポスターの制作を報研に依頼した。もう「出せ、作れ」ではだれも見ても聞いてもくれない。正面から食料自給の国家的意義を説いて欲しいと制作の方向を出した。

八月一日、山名が農作する学生たちをデッサンしたポスター案が上がってきた。しかし、安治は今本当に食料増産を訴えるなら、挿絵ではなく、写真のほうが真実味があり、効果があがるだろうと写真撮影を頼んだ。

八月六日広島に大型爆弾が落下して大変な被害になっているという噂が飛び交った。なんだか町中が騒然とする中を、「焦土の戦友」展の制作過程を確認するために、安治は報研に向かった。そこへ一高で農作する学生六人を撮影してきた山名とカメラマンが帰ってきた。

「山名さん、どうも広島は大変なことになっているらしいです。厳島の鳥居もふっ飛んだらしく、そうとう強力なものらしい。一発で十二万人も殺したというのだから、原子爆弾のようなやつかもしれない」

しゃべりながら、自分の顔が青ざめるのがわかった。つい本音が出てしまった。

「自分もいつやられるかを真剣に考えたよ。戦争はもういいのかもしれない」

「焦土の戦友」の制作準備が整った報研は、八月八日から実際の制作に入り、大忙しの状況になった。レタリングのスタッフが大きなベニヤ板と格闘し、挿絵を何枚も何枚も描いていた。山名が構成した組みポスターは十五枚もあるのだ。八月二十日の展示会開始まであとわずかしかなかった。安治が制作過程確認のため、駒場の事務所を訪れると、みんな眠る間も惜しんで働いていた。

八月十四日、日本はポツダム宣言受諾を決めた。

戦災援護会主催の「第一回写真移動展、焦土の戦友」はだれの目に触れることもなかった。

六　花森安治の一番長い日

　正午からの重大放送を、どこで聞こうかと安治は迷った。

　家で聞いてはいけない気がした。男たちが起こした戦争の結果、家は、暮しは、めちゃくちゃになった。だからその放送は家で聞いてはいけない。戦争を一緒に戦い、一緒に考えてきた場所がふさわしい。しかし、大政翼賛会はもうないのだ。

　そう、駒場の報道技術研究会の事務所に行こう。あそこが重大放送を聞くのに一番ふさわしい場所だ。

　いり豆が半分くらい入った缶と、手帳と小さなスケッチブックを一冊ずつ、そしてちり紙代わりの新聞紙と鉛筆を雑嚢《ざつのう》に入れ、肩からたすきがけにして井田の家を出た。

　国民学校二年生になった藍生が「重大放送ってどんな意味なの」と聞いてきた。

「お母さんと一緒に放送を聞いた後、お母さんのお話をよく聞きなさい」と言って、元住吉の駅に向かった。

　窓ガラスに映る姿が、今日はわれながら情けなかった。戦闘帽に、つぎはぎだらけのよれよれの長袖ワイシャツ。自分で作ったズボンにゲートル、この暑いのに足元は汚れきったスキー靴だ。何度も履きつぶした靴は、もうどこを探しても手に入らなかった。去年の夏以来ずっとスキー靴を履いてきた。頑丈なのはいいが、なんとも重く歩きづらいのがいけない。しかし、昨日までは考えたこともなかったが、なんとみじめな恰好なのだろう。

山脇建築事務所のアトリエに、報研のみんなが集まってきた。放送は雑音が多く、聞きとりにくかったが、天皇が言おうとすることは十分にわかった。

聞いた直後はなんだか不思議な気がした。真っ先に、これで戦争に行かなくていい、死ななくてすんだと思った。八月でも真夏の一番暑いころなのに、なぜか暑さを感じない。それが安治には不思議だった。

放送が終わると同時に、報研のメンバーに向かって山名が言った。

「終わりだ、みんな」

そう山名の言うとおり、終わったのだ。

すんだ。「了」という感じだ。

安治は雑嚢を肩にかけ、報研の事務所をあとにした。

どこに行こうか。そうだ、皇居だ。皇居へ行こう。

天皇の声を聞いた連鎖反応なのだろうか。今までわざわざ皇居に行こうなんて思ったこともなかったのに。

人間は同じことを考えるのだろうか。皇居は靖国神社の例大祭のように人で埋まっていた。玉砂利に座りこみ、男がひれ伏した。するとそれに誘われたように、みんな次々とひれ伏し出した。声をあげて男が泣く。それが呼び水となって、人々は泣き出し、安治の周りは号泣の嵐となった。

自分の感性と人々の感覚はこんなに違うのだろうか。山名文夫が「終わった」と言ったように、自分も「了」という気分なのだ。しかし、ここに集まってきた人たちはまだ戦争を引きずっている。なんだか皇居にいづらくなって、安治は銀座に向かった。

尾張町は服部時計店だけが焼け残っていた。三越は形だけ残ってはいるが、今にも崩れそうだ。

三愛とライオンはあとかたもない。銀座といってもコンクリートの塊と泥の町だった。

安治は鳩居堂のあったところに残されたコンクリートのかけらに座った。帝大新聞の一年生のころに、取材のついでに、鳩居堂に広告の版下を確認にきたことを思い出しながら座り続けた。

その時初めて、これからどうなるのだろうと思った。

終わったのではない。始まったのだ。そう思うと、急にわくわくした。急に嬉しくなった。死刑の宣告を受けていた人間が、突然無罪を言い渡されたようなものだ。生きていいと言われたのだ。そう、生きていい。自分はまだ三十三歳だ。まだまだ可能性がある。そう考えると、わくわくした。嬉しかった。

そのためには、自分が死ぬまでに絶対に戦争が起きてはいけない。利己的かもしれないが、起きては困る。起きないようにしなければならない。

安治は焼け野原になった左手の数寄屋橋方面を見た。朝日新聞社が入っていたビルもあとかたもない。あそこへ昔、帝大新聞を印刷してもらうために、毎週日曜日に通った。

入学から十二年がたったことになる。滝川事件が起こり、天皇機関説問題で揺れると、初めはそれに抗議する新聞記事を書いていた自分たちも警察に追いかけられ、教授陣たちが黙りこむとともに、どこかであきらめ、冷めていった。

「ペンは剣より強し」という言葉を信じながらも、その言葉がそらぞらしいとか、照れくさいとか言っていたのはだれだろう。

あの時学生とはいえ、六万部の読者を後ろ楯にしていたのだ。

確かにその時は戦争反対、独裁反対と叫んでいた。

しかし、感情で叫んでいただろうか。理論で叫んでいなかったか、安治。

衝動的で感情的な動きでは駄目で、整然とした理論が必要だと言っていなかったか。

おもちゃ屋の前でおもちゃを欲しがり、泣きわめく駄々っ子を軽蔑するように、感情的に戦争反対を叫ぶ人たちを軽蔑していなかっただろうか。

「ペンは剣より強し」という言葉を聞いて、顎を撫でていなかっただろうか。

その間に、自分たちの大学は軍靴で踏み荒らされていった。

ペンを持っていたのに、自分はなんてことをしたのだ。自責の念が安治を襲った。

そうだ、これからは駄々っ子のように、戦争は嫌だと感情のままに言い続けよう。

そう決心すると再びわくわくしてきた。

そう、子供のように感情のままに生きるのだ。

焼け跡の空に、どんなネオンより美しい戦争反対の文字が浮かび上がった。

それにはどうしたらいいだろう。安治はいり豆をかじりながら必死に考えた。

喉が渇いてしょうがない。どこかに水道が壊れて水が出ていないか探した。

その合間にまた戦争に反対するためにはどうすればいいのかを考えた。

喉の渇きの中で思った。戦争を起こそうとするものが現れた時、それは嫌だと駄々っ子のように泣き叫ぶためには、反対するにたる、絶対に守らないといけないなにかがいる。

そのなにかとはなんだろう。

そのなにかがなかったために、天皇上御《かみご》一人《いちにん》とか、神国、大和民族、大東亜とかいう言葉に、今まですがって生きたのではないだろうか。

だが、そのなにかがわからなかった。安治は回答を求めるように歩き出した。

本郷で学生時代を送ったせいか、上野に行きたくなった。京橋から日本橋を通って振り返ると、今きた道にはなにもなくて、焼け野原になっていた。おぼろげに服部時計店と三越が見えた。

上野の広小路は、銀座以上になにもなくなっていた。どこへ行くこともできない。しょうがない、上野の公園にでも行ってみるか。これじゃおのぼりさんだなと思いながら公園に向かった。

ここで太平洋戦争が起きた翌日に明治製菓から巡回車を借りてきて、車の屋根に登って演説をした。恥ずかしい記憶だった。ほうほうのていでその場を離れた。

西郷さんの銅像がなぜか焼け残っていた。それが嬉しくて、台座に座って、またいり豆をかじった。上野の山からは焼け残った鶯谷、日暮里が見えた。町が生き残ったことに思わず涙ぐんだ。

日が暮れてきた。焼け残った家々の明かりが灯り、町は金色の砂を撒いたように光り出した。美しかった。焼け残ったまばらな光だったが、昔、小学四年生の時に田宮虎彦が「家々の窓すべてが輝いて、それはダイヤモンドのようだった」と書いた、あの光だった。いや、あの子供の日に見た神戸の明かりよりも、それは数段明るかった。なにしろずっと夜は暗いものだという暮しをしてきた。それが今日、八月十五日の夜、いっせいに明かりを灯したのだ。

安治は雑嚢から鉛筆とスケッチブックを取り出し、素早くその光の町をスケッチした。

描き出すと、銀座からさ迷い歩き考えてきた答えが、やっと見つかったと確信した。

これだ、この明かりだ。

天皇上御一人とか、神国、大和民族、大東亜という言葉の前に、絶対に守らなければならないのは、一人ひとりのこの明かりのある暮しだった。

それなのに男たちは、いや自分は、暮しなんてなんだと思ってきた。藍生というかわいい娘がいるのに、風呂に入れること、童話を聞かせてやることは、恥ずかしいことだと過ごしてきた。少なくとも男には、もっとほかに守らなければならないものがあると信じて生きてきた。

だが暮しを犠牲にしてまで戦い守るものなど、なにもなかったのだ。なんという馬鹿だ。無知もほどほどにしろ。しかも独りだけならまだいい。それを自分は宣伝技術家として、人々に唱え、説き、煽り、強いてきたのだ。恥ずかしかった。安治はつくづく自分が嫌になった。そして、恥じながら固く思った。

この明かりを邪魔するものには、もう絶対に負けない。

どんなに無力な母親でも、子供を襲おうとするものには立ち向かうように、この明かりのある暮しを邪魔するものには、これからはたった独りでも立ち向かうのだ。駄々っ子のように嫌だ、嫌だと、ただ叫ぶのだ。それが宣伝技術家、花森安治の永遠の贖罪《しょくざい》だ。

そう決心すると、安治は西郷さんの銅像の台座から立ち上がった。


田所太郎から連絡がきた。八月二十日に復員してきたという。戦前田所がやっていた日本読書新聞にはカットを何度か描かせてもらっていた。その読書新聞を復刊するので編集を手伝ってくれないかというのだ。喜んで安治は、御茶ノ水の線路の際に建つ、焼け残った文化アパートに出向いた。

戦前からやはり読書新聞にいたという柴田錬三郎という男と田所は読書新聞を復刊しようとしていた。柴田は初めて見る男なのだが、恐ろしく神経の尖った感じで、いつも暗い顔をしてこちらをじっと見据えているような陰気な男だった。前は猥談ばっかり言って陽気な奴だったのだけれど、兵隊から帰ったらすっかり人間が変わっていたと田所が言っていた。戦地でよほど大変な体験をしたのだろう。住むところもなく文化アパートの地下の洗濯室に泊まりこんでいた。

柴田にはかわいい若い女房がいて、こんな時代に牛肉をどこからか仕入れてきて、文化アパートの立派な台所でさっと料理し、地下に届けていた。

どこかで見たことのある女だった。やがて戦前何度か翼賛会に読書新聞のためのカットをとりにきたことのある、お手伝いの女性だと気づいた。柴田の女房だったのかと初めて知った。

ある日編集部に顔を出すと、その柴田が陰気くさそうに田所と話していた。

「十八の時から女とみりゃ手当たり次第に口説くものと思い、抱いてきたこの俺がだよ。毎日弁当作ってくれる女に手も出さない優等生さ。自分でもあきれるが、なぜかね。じゃ口説く気も起こらない醜女《しこめ》かといえば、これが美人ときている。自分でもこのところが一向にわからない」

「まったくレンさんもあの子の前ではおとなしいの構えだものね」と田所があいづちを打つ。

「それになんだろうね。あのものおじのなさ。切符だ、牛肉だとこのご時世になんでも手に入れてくる。まるで手品師だ」

「そう、復刊の記念に川端康成の原稿をもらいたいと思っていたら、じゃ私が行ってきますと、原稿もらいに行って、ねばりにねばってとうとう原稿もらってきてしまった」

「まったくあれには驚いたな。大の大人の俺たちができないことを平然としてやるんだからな。そのうち二十万円用立ててろと言ったら作ってきかねないぜ」

そうだったのか、てっきり柴田の女房だと思っていたら、ここの事務員だったのか。帝大新聞には気軽に書いてくれた川端康成も、読書新聞くらいではなかなか書いてもらえないのだ。田所も大変だなと思いながら、安治はたまっていたカットを描いた。

その横で柴田は『わかりやすい日常英会話』『吉野朝の悲歌』『農園製造事典』『兎の高速度飼育法』『アルルの女』とあらゆる領域の新刊書評を驚くべき速さで次々に書き上げていった。

安治は読者の声欄に文化アパートの居間にある椅子を描き、海外通信欄に大きなボストンバッグを描いた。夕方までには読書新聞のカットを終えねばならなかった。

ここのところ、安治や日本宣伝技術家協会の横山啓一、報道技術研究会の大橋正、伊藤憲治などが集まり、広告会社を作ろうという話が進んでいた。安治自身が責任者を結局引き受けなければならないようだった。今夜はそのつめの話をすることになっていた。

ペンを取ると、身をかがめ、急いで手を動かした。思いつめたような女性の声が、花森の頭上から落ちてきた。

「花森さん、聞いていただきたいことがあります」

描いていたペンを止め、目をあげた。目の前におかっぱにした小柄な女性がいた。

さっきまで田所と柴田が陰気にぼそぼそと噂話をしていた大橋鎮子《おおはししずこ》だった。

七　日本読書新聞の大橋鎮子

大橋鎮子が日本興業銀行（現、みずほ銀行）の面接を受けたのは、第六高等女学校の卒業をまぢかに控えた一九三六（昭和十一）年十二月の、年も押し迫った日だった。丸の内にある興銀本社の人事部に行くと、入り口にはすでに十人以上の女性が並んでいた。髷をきれいに結い、袴の正装でいかにもお嬢さん然とした人ばかりだった。興銀といえば中島飛行機を始めとする日本の重工業の企業に、長い間融資を続けてきた伝統ある金融機関だ。この人たちはおそらく深窓の令嬢といわれる、取引会社の重役の娘たちなのだろう。そんな中に、五年間着古した袴をてらてらに光らせて並んでいる自分がなんだか恥ずかしかった。

でも面接は一人ひとりなのだ。深窓の令嬢十人と一緒なら気後れするかもしれないが、自分一人なら、なに臆することなく、想いを話せばいい。ここで気後れしていては、母久子や妹たちの生活を楽にしてあげることはできない。母を幸せにしてあげたいと思うとなんだか勇気が出てきた。

「大橋鎮子さん」と呼ばれ、面接会場に入った。

五人の男たちがずらりと並んだ前に座った。まず生年月日と家庭環境を聞かれた。

「生まれは大正九年三月十日です。もうすぐ十七歳になります。父は早くに結核で亡くなりました。私の下に二つずつ違う妹が二人おります。母の手一つで育ちました」

就職動機を聞かれて、「月給取りになって、母を楽にして幸せにさせたいのです」と言うと、男たちの間から笑みがこぼれた。

第六高女ではどんなことをしてきたかという質問に、大井町の自宅で歯槽膿漏用の練り歯磨きを作り、朝日新聞の論説委員室やいろいろのところに売ってきたと、正直に答えた。「またどうして女の子がそんなことをやろうとしたの」と、興味深そうに一番年長の恰幅のいい紳士が聞いてきた。

「練り歯磨きを売って、儲けて母を楽にしてあげたかったのです」

男たちはまた声を立てて笑った。

年明け、興銀から合格通知がきた。これで母を楽にしてあげられると鎮子は心から思った。

安治が帝大を卒業すると同時に愛娘藍生を授かった一九三七（昭和十二）年四月、九歳違いの鎮子は日本興業銀行に就職した。

同期入社は男性十五人、女性十人だった。鎮子は工藤昭四郎が課長をする調査課に配属になった。

調査課のおもな仕事は、世界経済や日本経済の動きを知るための各種調査と「調査月報」の編集だった。その基礎データとなる資料整理や図書の購入と整理が、調査課員の重要な仕事だった。むろん入社したての鎮子にすぐに重要な仕事が与えられるわけではなく、使い走りがおもだったが、最初に与えられた仕事の一つに新聞の切り抜きがあった。工藤課長が出勤するとすぐ朝日新聞、東京日日新聞、読売新聞、中外商業新報、日刊工業新聞などを読んでいく。そしてその中のおもだった記事に印をつけていった。調査課では同じ新聞を六部取っていた。同じ切り抜きを役員六人分作るのだ。これを朝十時までに仕上げ、重役室の秘書係まで届けるのが鎮子の日課になった。

工藤が印をつけた記事を鎮子はそれぞれ六部切り抜き、関連記事ごとに、日付、新聞名を記していった。同じ事件でも各紙の論調が少しずつ違っていた。切り抜きを作るといっても、ただ貼りつけていては意味がない。一番段数の多い新聞記事をまず置いて、その横にはたとえ段数が少なくとも、その記事と意見を異にする新聞記事を置くと、ひと目で対立点がはっきりした。

編集とは形のきれいさではなく、意見と意見の対立を明確にすることなのだとやがてわかった。

起こっている案件や事件を、段数という数値に置き換えてみると、世の中の潮流が手にとるようにわかった。同時に新聞記事は、読者の反応や抗議が多くなればなるほど、その事件報道は加速し、過激化していくことが、鎮子には不思議だった。

切り抜きを続けることは、こんなに世の中が見えることなのだと鎮子は初めて知った。

「盧溝橋の日支激戦、我軍龍王廟《ロンワンミァオ》を占拠」

七月九日、鎮子は日中戦争の開始となる新聞切り抜きをした。「北平郊外で日支両軍衝突、不法射撃に我軍反撃、二十九軍を武装解除、疾風の如く龍王廟占拠」とある記事に胸をなでおろした。「支那側計画的行為か」との北京駐在武官の談話に、満洲事変に引き続き支那はいつもこうだと腹を立てた。

「国民精神総動員運動の告諭と訓令」

鎮子の切り抜きに神社参拝、勅語奉読、出征兵士歓送、国防献金、勤労奉仕という言葉が多くなっていった。

「愛国行進曲作詞募集」

「決定、愛国行進曲作詞、五万七千有余の応募数を誇る」

「見よ、東海の空明けて」からはじまる森川幸雄の作詞した「愛国行進曲」の歌詞を切り抜きながら、六万近い人々が歌詞を応募したことに鎮子は驚いた。六万人がわざわざ筆を執り、頭をひねり、愛国とはなにかを考えたのだ。愛国という言葉には、人々を熱狂させるなにかがあるのかもしれない。

「南京を完全に占領。皇軍の威容江南を圧す」

南京入城とともに大虐殺を引き起こした日本軍のことは、どこにも報じられていなかった。興銀を出ると、丸の内は南京陥落の大祝賀行列で沸き立っていた。「愛国行進曲」を歌いながら人々は、皇居へ向かっていた。

興銀二年目となる一九三八年四月一日、「国家総動員法公布」の記事を前に、国民精神総動員、国家総動員と聞きなれない言葉がなぜ増えるのだろうと思いながら、鎮子は鋏を入れた。

国家総動員法の最初の発動として、五月に工場事業場管理令が公布され、重工業企業への人員徴用が行われた。その切り抜きを持って総裁室を訪れると、いつもはむっつりとしている宝来市松総裁が、ごくろうさんと愛想よく鎮子に声をかけてくれた。重工業をおもな融資先とする興銀は、この記事でますますの追い風となりご満悦なのだろう。入行以来、こんな愛想のいい宝来総裁の顔を見るのは初めてだった。

九月、「石炭配給統制規制を公布」の記事を切り抜いた。物資もエネルギーも自由消費が不可能になった。灯火管制が強化され東京の街は暗くなった。青バスが木炭バスに改造され始め、バスのスピードは極端に遅くなった。

「わが武漢包囲進捗／敵陣動揺、兵変続発／躍起督戦・地獄相を現出」と新聞にあったのは十月上旬のことだった。引き続き新聞は武漢だけでなく、漢口への進軍を「江北快速部隊の猛進振りは物凄く二十五日午前十時には既に〇〇を奪取、漢口市街を眼前に望んで将兵の意気はいやが上にも高く日章旗を押し立てて犇々と漢口に迫りつつある」と伝えた。鎮子は「漢口混乱敵右往左往」の記事を、その横に添えて、日本軍の快進撃にほっとした。

実際には日本軍が泥沼に入りつつあることを、切り抜きを続ける鎮子は知らなかった。

従軍文士隊のトップを切って漢口一番乗りを果たした林芙美子の「前線を行きつつ、感じたままを銃後婦人へ」という記事を、鎮子は興味をもって読んだ。女性たちは戦地の看護婦にもっと憧れ、その職に就くべきだという芙美子の論に、鎮子は少し自分を恥じた。

物資がないだけではなかった。食料も甘味料も不足し、町には代用品があふれ出した。勤め出して二年がたち、少し古くなったハンドバッグを買い替えようと銀座に出ると、鮭皮ハンドバッグが店先に置いてあり、鎮子は驚いた。そんな買い物も戒めるように、三越の前には、買いだめ防止協議会のたすきをかけた人たちが「買いだめはやめましょう」と声をからしていた。

興銀三年目の一九三九年四月は、「会社利益配当と資金融通令今日公布」という切り抜きから始まった。これにより資本金二十万円以上の会社は、基準配当率の認定を受けなければならなくなり、興銀は臨時資金融通部を設置したと記事にはあった。

六月十四日、「営業時間短縮や国民生活日／国民精神総動員委員会、生活刷新の小委員会」という切り抜きをしながら、これ以上不自由な暮しになるのだろうかと心配になった。

ネオンの全廃決定で、丸の内から銀座の通りはたちまちに暗くなった。盆暮れの贈答は贅沢だからと、この夏の中元から即刻廃止になった。男たちの長髪が禁止され、工藤が丸坊主で出勤した日、なんだかおかしくて鎮子は思わず笑った。工藤は「なにがおかしい、早く切り抜きをやれ」と、日ごろにないきつい物言いをした。パーマネントも同時に禁止されたが、鎮子はなんだか悔しい思いでしばらくそのままにしていた。町を歩くと子供たちが鎮子を取り囲み「パーマネントに火がついて、みるみるうちに禿頭、禿げた頭に毛が三本、ああ恥ずかしや恥ずかしや、パーマネントはやめましょう」と囃し立てて歌うので、すっかり嫌気がさした。母に頼んで散切り頭のおかっぱにして町に出てみると、「経済戦強化週間」の大きな看板を胸からかけたサンドイッチマンがぞろぞろ歩いていた。

戦いには経済戦、思想戦、宣伝戦があるという。自分の勤める興銀は経済戦を支える砦なのだ。

でも調査課で切り抜きをしていても、経済のことはなんだかわからないことばかりだ。自分は女学校を出ただけだから、学問が足りない。銀行員が経済のことをわからずに経済戦を戦えるのだろうか。もっと勉強したいと思った。

切り抜きをしながらも、勉強したい、勉強したいと考えると手につかなくなった。小さなころから、こうだと思うと、そのことに夢中になり、頭から離れなくなってしまうのが鎮子の悪い癖なのだ。

母にも、興銀の上司にも黙って、思い切って大学を受験することにした。

どこがいいだろう。そう、女学校へ進む時、筆記、面接と受かりながら、くじ引きで落ちてしまい悔しい思いをした日本女子大学がいい。お金はなんとかなるだろう。贅沢もせずこつこつとこの三年間貯めてきた貯金が少しはあった。

発表の日、だれにも言わずに目白の駅をおりた。どきどきした。合格者掲示板の下でうつむきながら、目を閉じて祈った。勉強がしたい、どうぞ受かっていますように。勉強がしたい。そう念じて閉じた目を思い切り開けた。

「大橋鎮子」の名前があった。嬉しかった。これで勉強できる。

嬉しくて飛ぶようにして家に帰った。なんの説明もせずに、母久子に、

「興銀を辞めて女子大に行く。もっと勉強をしたいの。いや、私はもっと勉強しないといけないの」

と言った。母に怒られたらどうしよう。試験を受けることさえ言っていなかった鎮子だったが、久子は驚いた顔もせず言った。

「お嫁にゆくだけが女の人生じゃないわ。それに戦争未亡人になるのが落ちよ。こんな世の中だから結婚するよりも、なにかを身につけることが大切よ。合格おめでとう」

早くに夫武雄を亡くし、女手一つで娘三人を育ててきた久子には、世間の親が持ち合わせていない、生き抜くための嗅覚があった。

辞表を持って工藤のところへ行った。「勉強か、おやりなさい。もっともっと勉強するんだ」と、これも驚いた顔もせず快く辞表を受けとった。興銀最後の日、「これ、

銀行からの退職金だ、いや入学祝かもしれない」と言って、工藤が金一封を差し出してくれた。

月給三か月分の百円が包まれていた。三年働いた女子行員の退職金としては過剰な額に驚いた。

一九四〇年四月、安治が大阪陸軍病院深山分院を退院し現役免除となり、再びパピリオ化粧品に勤め出したころ、鎮子は晴れて日本女子大学家政科二類に入学した。しかし、せっかく入った女子大には半年しか通えなかった。九月になって微熱が出続けて、家で寝込んでしまった。父武雄が結核で早くに亡くなっていただけに、久子が心配した。

久子の懸命な看病の結果、春になって身体はようやくよくなった。半年も行かなかった日本女子大は、二年に進級できなかった。家にこれ以上迷惑をかけるわけにはいかない。退学届という文字が悔し涙でかすんだ。毎日、鎮子は必死の想いで新聞の求人欄を開いた。

「女性事務員募集。日本読書新聞社」

鎮子の胸が高鳴った。仕事の内容はまったくわからなかったが、読書という字が魅力的だった。活字が自分の周りにある幸せ。読書新聞なら毎日をそんなふうに過ごせるのかもしれない。心を躍らせながら鎮子は水道橋の駅に降りた。本当に小さな新聞社だった。

中という編集長に、今までどんな仕事をしてきたのかとたずねられた。「調査月報」の編集ということに重きを置いて、興銀調査課時代の仕事ぶりなどを話した。話し終わると「では明日からきてください」と言われ、鎮子のほうが拍子抜けした。安治が翼賛会で広告作りを始めたころ、二十一歳の鎮子は水道橋に通い出した。

勤め出してしばらくして中に呼ばれると、「君、明日から銀座のブンキョウのほうに行ってくれないか」と言われた。なにか粗相をしてしまったのだろうか。それに文京区の銀座とはなんだろう。

「いや、文京区のブンキョウではなく、うちの親元の日本出版文化協会のブンキョウだ。その文協で専務理事をしている飯島さんというのがね、君の字を気に入ってぜひうちにというんだ」

「私の字がですか」と思わずたずねた。母の久子からは「鎮子の字はどうしてそうあっちに行ったりこっちに行ったりするのだろう。困ったものだ」と小さい時から言われ続けてきた字だ。確かに鎮子の一字一字は、母の言うように均等を欠いていたが、文章としてつづった場合、読みやすく自分でも決して嫌いではなかった。その字が自分を転職させるきっかけになるとは。鎭子はなんだか不思議な気がすると同時に嬉しくなった。

鎭子は銀座西六丁目の交詢社ビルの横にある、文協の秘書室に通うことになった。鎭子の字を気に入ってくれた専務理事の飯島幡司《いいじままんじ》は、朝日新聞の出版局長をしていて、協会に出向してきていた。阪急沿線の夙川《しゅくがわ》に自宅があるという飯島は、帝国ホテルに住んでおり、歩いて協会まで毎日通ってきた。大阪から奥さんがよくやってきて、なにくれとなく面倒を見ていた。鎭子の字だけでなく、性格を気に入ってくれたのだろうか、奥さんが大阪からやってくると、飯島はよく鎭子を誘い三人で食事をした。

生まれてこの方、帝国ホテルでの食事などしたことのなかった鎭子は「贅沢は敵だ」という標語が町中にあふれる時代に、こんな食事をしてもいいのだろうかと思った。それにフォークとナイフはどれから手にしていいのかわからず、緊張しっぱなしで、味はいつも上の空だった。そんな鎭子を、二人はほほえましそうに見ていた。鎭子は朝日新聞の人間がなぜ帝国ホテルに暮らせるのか、不思議に思いながらも、そんな疑問を切り出すこともできず、飯島の文書の清書をした。

日本出版文化協会は情報局の下部組織として、戦時中の出版統制を行なっていた。総裁伊藤述史、局次長久富達夫の情報局が発足したのは、鎭子が女子大を中途であきらめ寝込んでいた年の十二月になる。「報道」を担当する情報局第二部の「雑誌其の他の出版物の指導」情報官として、陸軍情報部の鈴木庫三少佐が就いた。鈴木はそれ以前も陸軍省情報部で、林芙美子や久米正雄など、従軍作家陸軍部隊、通称「ペン部隊」を企画運営してきた、出版情報管理のプロ中のプロだった。

ここに出版史に残る、スズクラこと鈴木庫三の悪行と悪名が轟くことになる。例えば、講談社の社史『講談社の歩んだ五十年（昭和編）』には、ページをめくるたびに鈴木庫三の名前が出てくる。

「陸軍情報部鈴木庫三少佐（後に中佐となる）は、出版関係担当者として、当時の雑誌のあり方、表紙の絵や、小説の内容にまで、強い発言権をもち、軍の希望する方向に推し進めるので、この社史にも、年を追うて各氏の談話にも登場するが……」

「出版統制の上にあぐらを組む、官僚と軍の発言力は、今日では想像もおよばないほど、巨大なものであった。陸軍を代表して、出版の統制にあたった鈴木庫三少佐の発言は、ことに絶大なもので、ついに、本社の編集方針にまで、容喙《ようかい》する動きを見せ、さらに社外の顧問強要という驚くべき干渉ぶりを見るにいたった」

「鈴木庫三少佐が、『婦人倶楽部』を発売禁止にするとさわいだのも、『講談倶楽部』連載の『女浪曲師』が同少佐の槍玉に上がったのも、この年であった」

鈴木が情報局第二部情報官に任命される十日ほど前、鈴木庫三監修『世界再建と国防国家』が刊行された。出版元は朝日新聞社で出版局長は飯島幡司だった。鈴木は情報局に就任すると同時に、下部組織として、出版界を統合する日本出版文化協会を設立。その専務理事に、中央公論社、改造社、日本評論社など昭和期の出版界をリードしてきた大手出版社の理事をすべてさしおき、飯島幡司を指名した。報道は放送と新聞さえあればいいという、鈴木のあからさまな出版社排斥人事だった。

鎮子が飯島幡司から食事をごちそうになりながら、なぜこの人は帝国ホテルなどに毎日暮しているのだろうと不思議がったのにも理由があった。

一八八八年生まれの飯島幡司は、神戸高等商業学校で銀行論を教えていたが、三十歳の一九一八年に新興財閥の久原商事に入り、専務取締役として大阪鉄工所(現、日立造船)の経営再建を果たした。その辣腕ぶりを見込んだ朝日新聞社社長村山龍平《りょうへい》が一九三二年に論説委員として朝日新聞に迎え入れ、朝日新聞の経営に携わっていた。

その飯島と鈴木庫三が組んで、用紙割り当て、検閲に乗り出した。自然、出版各社は大東亜共栄圏物や、米英決戦待望論を競って企画。出版界における嫌米輿論形成戦略は着々と進行した。

出版の是非、発行部数、各社に対する用紙の割り当て表などの清書作業に、鎭子は追われた。

そして鈴木庫三の情報局就任からちょうど一年後の十二月八日、突然ラジオから、臨時ニュースを伝える軍艦マーチが鳴った。ハワイ真珠湾攻撃の成功と、アメリカと戦闘状態に入ったことを、アナウンサーが興奮気味に伝えていた。

太平洋戦争勃発直前の十月、伊藤述史より交代した情報局総裁谷正之にとって、鈴木庫三はもう無用の長物だった。身体を張って戦争を興すための輿論形成に東奔西走したことは認めるが、出版社だけではなく、海軍ともぶつかり、なにかと軋轢が多い男だった。

戦争は始まったのだ。後は情報局第五部第一課が、戦略的国家情宣を大政翼賛会宣伝部と連携して図り、確かなる銃後の国民意識を醸成することだった。

鈴木は一九四二年四月、輜重《しちょう》学校付けに転出、八月、満洲国ハイラルの輜重兵第二十三連隊長に転任した。

鈴木の重しがとれると同時に、出版各社は蜂の巣をつついたような大騒ぎになった。

一九四二年六月十三日、神田共立講堂で行われた第二回文協定時総会は大荒れに荒れた。

その急先鋒は平凡社の企画部長、佐藤彬だった。出版各社に対する用紙配分の不公平、朝日新聞への配分偏重から始まって、協会理事と朝日新聞重役としての公私混同、協会自動車の個人使用、熱海への物見遊山、帝国ホテル住まいまでが取り沙汰され、飯島は壇上に立ちつくした。秘書長とともに共立講堂に出かけた鎮子は、壇上でつるしあげられる飯島を見て取り乱しそうになった。

結局、文協会長の公爵鷹司信輔と専務理事の飯島幡司が退くことになった。すべてが情報局と軍部の徹底した統制下にあった戦時中の社会において、「文協事件」は、言論人がかろうじて自由を守ったためずらしい事件となった。

飯島の後任として、文協専務理事には久富達夫がなった。久富は情報局次長兼大政翼賛会宣伝部長だったが、統制的な組織に変貌した翼賛会にすっかり嫌気がさして辞め、当時浪人していた。鎮子は文書の清書の仕事から解放され、日本読書新聞に帰ることになった。

読書新聞は中編集長が辞め、一時休刊になったが、どんな時代になろうと言論界に書評紙はやはり必要だと考えた文協文化局長の松本潤一郎が動いた。長く続いた帝大新聞の書評欄に注目した松本は、帝大新聞社長の野沢隆一に復刊を相談した。三省堂の「革新」の編集長で、かつて帝大新聞編集長をしていた田所太郎を野沢が推薦して、読書新聞は神保町で一九四一年八月から再刊されていた。

田所に代った読書新聞は、帝大新聞の書評欄、文化欄にきわめて近い編集形態をとった。

興銀時代に「調査月報」を手伝っていた鎮子は、編集のことを少しは知っているつもりだったが、田所の前に出るとその経験はほとんど役にたたなかった。鎮子は活字書体のこと、紙面構成、デザイン、校正のことなど、一から編集の基本を田所から学び直した。女子美を出て、なにかとしゃれた感覚でミシンを踏む母の久子に比べ、デザインの勉強などしたことがない鎮子にとって、田所の一言ひとことは、新しい刺激となって広がった。

どんな時代になっても本はなくならないから、編集業務をしっかりと身につけようと、ひたすら田所の指摘に耳を傾けた。また人は服を着ないで過ごすことはできないのだから、母のように裁縫を覚えれば、どんな時代も生きていけるだろうと、夜は本郷三丁目の戸袋洋裁学校に通った。

田所編集長のもとに長岡光郎、柴田錬三郎、大野雅夫がいて、編集会議が始まりプランが決まると、原稿依頼、原稿書き、入稿、校正、印刷、発送が待ち受けていた。鎮子は新聞が納品される一日前から、全国の発送先の宛名をそのちょっと独特な癖のある字で書いた。新聞が刷り上がってくると、宛名の帯封をかけ、大八車に積んで、本郷郵便局へ毎週運んだ。

編集部の二階が文協の大会議室になっていて、そこでは月に一度、久富を始め、情報局、陸海軍の出版情報官、警保局と警視庁の図書検閲課長など仰々しいメンバーに田所編集長も参加して定例会が開かれた。鎮子は参加人数分のお茶の用意をし、サーベルを持ってふんぞり返る軍人たちに恐る恐るお茶を差し出した。

一九四二年の秋のことだ。二階のみんなにお茶を出し、机で送り先の宛名を書いていた。

「どこだ、どこだ電話は」

軍人がドスドスと降りてきた。怖くなった鎮子は身を縮めながら電話を指で教えた。

「『改造』十月号、一冊残らず押収、すぐだ」

わめくと、その軍人は慌ただしく出て行った。

「押収って一か月前に出回っているやつだぜ。書店にだってもう置いていない。何言ってんだ」

柴田があきれたように言った。やがて田所が青ざめた様子で大会議室から降りてきて、へなへなと椅子に座りこむということもあった。

明らかに飯島時代と比べると文協も殺伐とした雰囲気に変わっていた。

「もう花森のカットが上がっているはずだから、翼賛会まで取りに行ってくれるかい」

田所はたまに鎮子に、そんなお使いを頼んだ。どうもこのお使いは鎮子にとって苦手だった。

翼賛会というのは、軍服姿の男たちがいつも廊下を行き来していて、なんだかざわざわとものものしく落ちつかない。そのうえ花森という男は、その名前の美しい響きと字面に似ず、いがぐり頭で目をぎょろりとさせ、オニガワラのような顔をしていて、なんともとっつきにくかった。

できているはずのカット絵は、決まって上がっていなかった。待たされている間に、花森は机の上に広げられた「一億敢闘実践運動」「羊毛供出促進」などというポスターをどかして、手早くカットを描いた。それを受け取ると、鎮子は口もきかず、逃げるように翼賛会を後にした。

ただ花森の描くカットはどこか心優しく、書評の中に挟んでみると、そこだけが息づいていた。

「文字ばかりが埋まった紙面に硬さがなくなるだろう。人は、知らず知らずに書かれたものを読んでみようかと思う。これが編集というものだ」

田所は読者の心理を操る編集の基本を鎮子に教えてくれた。

一九四三年四月、用紙不足で出版点数が減った文協は縮小し、日本出版会となった。御茶ノ水の順天堂病院の先にある、御茶ノ水文化アパートメントを全館接収した。その際、発行部数十一万部の読書新聞も一緒に引っ越しすることになった。

神保町から移って、その建物の豪華さに驚くとともに、鎮子に楽しみができた。アイロン付きの共同洗濯室で、生まれて初めて洗濯機を見た。エレベーターで部屋に上がってみると、西洋式のキッチンとバスタブ、トイレがあり、蛇口をひねるとお湯が出た。居間にはマントルピースがあり、唐草模様の壁紙がいかにも落ちついた雰囲気を作り出していた。備え付けの椅子は赤みのある濃い紫色のビロードで、そこにもみごとな唐草模様が刺繍されていた。

この建物の中だけは戦争が行われていないようだった。

戦争に勝ったら、母と妹たちをこんなところで暮らせるようにしてあげたい。そのためには私がもっともっと力をつけて、しっかりしなければならないと、きつく誓った。そして早く戦争に勝ち、親子四人の静かな暮しが戻りますようにと、鎮子は心から願った。

家に帰り、母や妹たちに引っ越したばかりの文化アパートの話を毎日のようにした。いつも話題の中心は食事のことだった。

そこではまだ、オードブル、スープ、魚、肉とデザート、コーヒーと、前に帝国ホテルで飯島幡司からご馳走になった、フルコースの西洋料理が用意されていた。料理長は千葉千代吉といった。その味の確かさが評判になり、久富専務理事たちが食事をするだけでなく、食事つきの出版会の会合がたびたび開かれた。もちろん鎮子がその料理を食べられるわけではないが、千代吉は鎮子たちのためにコロッケやハンバーグ、カレーライスのお昼を作ってくれるのだ。

帰ると末の妹の芳子が、「お姉ちゃん今日はなにを食べたの」と決まって聞き、クリームシチューとでも答えようものなら、「私も食べたかった」と思わず涙ぐんだ。その涙を見て、鎮子はいつか私がみんなにクリームシチューを食べさせるのだ。そのためには私がしっかりしなければと思った。

戦争が激しくなるにしたがい、材料不足で、さすがの千代吉の料理も質素なものになっていった。しかし大根の葉と雑穀だけの雑炊にも、千代吉の長年にわたる料理の腕が活かされた。空襲警報が鳴り響く騒然とした町の雰囲気とは違って、その食堂にはひと時の安らぎがあった。

一九四五年一月、柴田錬三郎が召集されることになった。猥談ばかり言って鎮子を困らせた男だったが、憎めないところがあった。出征のお祝いに鎮子はあちこち動き回って米と豚肉を集めた。家で飼っている鶏が裏庭で生んだ卵を持ちこむと、千葉千代吉が豚ステーキとふわふわのオムレツを作ってくれ、みんなで食べた。

「ご馳走になった」

柴田錬三郎は苦虫をかみつぶしたような顔で軍隊式の敬礼をした。なにも言わず、涙をいっぱいためながら、鎮子も敬礼で答えた。

鎮子と芳子は、偶然にも誕生日が同じで三月十日だった。

幼い時から二人同時に祝う誕生日は嬉しかった。戦争が激化し、物資がなくなり、みんなほとんど着の身着のままの暮しだとしても、いやそれだけに、誕生日だけはいくつになっても楽しみだった。戦争が始まってからも、久子が乏しい食料をなんとか調達して、なにか作ってくれていた。どこで手に入れたのだろう、明日は小豆の雑炊を作ると、久子は寝る前に小豆を水に浸け出した。

鎮子は二十五歳、芳子は二十一歳になろうとしていた。

小豆を浸ける母の姿を見ながら、その気遣いを嬉しく思っていると、ラジオが「大空襲、大空襲」と叫び出した。消防自動車がけたたましい音を鳴らして通り過ぎて行く。周りの家からも騒然とした雰囲気が伝わってきた。外に出て見ると、東北の空が赤黒く光っていた。

四人は慌ただしく裏庭の防空壕に逃げこんだ。敵機の飛び交う爆音は途切れることがなかった。四人は震えながら眠れぬ一夜を過ごした。

恐ろしい夜が明けた。

防空壕から抜けだし、台所に入ってみると、小豆が床じゅうに散乱していた。鎮子と芳子は恐ろしさと助かったという思いで、泣きながらその小豆を拾った。

ラジオが城東地区の壊滅的な被害を告げていた。

大井町からなんとか御茶ノ水の読書新聞に行ってみると、高台にある文化アパートの玄関からは、町の様子が手にとるようにわかった。幸い御茶ノ水から、本郷、新宿方面はいつもの変わらぬ風景が広がっていた。しかし、隅田川から向こうは、大変なことになっているのが手にとるようにわかった。町並みが一夜にしてなくなり、あたり一面には何本も黒い煙が立ちのぼっていた。

鎮子は茫然としてその風景を見つめた。こんな悲しい誕生日があるだろうか。もう戦争は嫌だ。文化アパートの建物の前の省電に沿った道を、焼け出され、永代橋方面から逃げ延びてきた人々が、よたよたと歩いていた。だれも着ている服は焼けてぼろぼろで、髪も焼けただれていた。たった独りで幼い子供が、泣きながら歩いている。持てるだけのものを持って、裸足で足を引きずりながら行く人がいる。せめてこの人たちを休息させてあげられないだろうか。

鎮子は文化アパートの使っていない椅子を一つずつ運び出した。ビロードの椅子をずらっと線路に沿って並べた。大きなやかん三つに水をいっぱいためて、コップとともに置いた。

逃げ延びてきた人たちはその椅子に腰をおろすと、乾ききった喉をうるおそうと何杯もの水を飲んだ。鎮子は必死になって、大きなやかんを何回も運んだ。やがて人々はまた立ち上がると西のほうに向かって歩き出した。家で握ってきたおにぎりは、とても食べる気になれなかった。幼い三人の女の子を連れた母親の胸に、みんなに見つからないように、そっと差しこんだ。この四人の親子がわたしたち親子だった可能性もあったのだ。鎮子の涙は止まらなかった。道に運び出したビロードの椅子は、煤で真っ黒になってしまった。あんなに光り輝いていた豪華な椅子の汚れ果てた姿を見て、日本は負けるかもしれないと初めて思った。

四月、田所に召集令状が届き、編集部員のいなくなった読書新聞は休刊になった。いつか復刊の日がくるだろうと、鎮子は「日本読書新聞」の題字の凸版を預かった。

八月十五日、母や自分の絽の着物と浴衣を山のように背負って、鎮子は内房に向かった。この着物を売ったあとは、なにを着ればいいのだろう。五井の駅で電車は動かなくなった。

駅のホームに降りるようにアナウンスがあり、みんな降り立った。ホームのスピーカーから初めて聞く天皇陛下の声が流れた。雑音が多く、よく聞き取れなかったが、戦争が終わったのだということはわかった。ホームに立ちつくす人々の間から嗚咽が流れた。

吹き出す汗をぬぐうこともせず、鎮子はそこに立ち続けた。

茫然としながらも、女学校時代になにかの本で読んだことを思い出した。

第一次世界大戦の後すぐに事業を始めた人が大金持ちになったというのだ。

事業をやろう。お金持ちになりたい。泣くことはやめよう。私には泣いている暇などない。

事業をやろう。
今度こそ母を楽にさせてあげたい。私がしっかりしなければと思った。
抜けるように青い空を、鎮子は黙って見つめ続けた。

八月の末に田所と柴田が復員してきて、読書新聞を復刊するから鎮子にも手伝って欲しいと連絡があった。新聞の題字の凸版を抱え鎮子は文化アパートに行った。編集業務だけでなく、二人のためにどこからか食料を確保し、切符を手に入れてくるのも、鎮子の毎日の仕事だった。みんなが手に入らず困っている時にも、こちらが一生懸命頼みこめば、だれかが必ずなんとか助けてくれると鎮子は信じていた。実際今まではうやってぶつかってきた。どうしてみんな困難にぶつかっていかないのだろう。復刊にあたって、大物の原稿が欲しいと、田所と柴田は川端康成の名前をあげた。しかし、二人とも川端がうちに書いてくれるはずがないと言って、いっこうに動かない。頼んでもみないで、相手にぶつかりもしないで、どうしてすませてしまうのだろう。
どうせ駄目だよと言う柴田の声を後にして、鎮子は鎌倉の川端の家を訪ねた。断られた。悔しくてまた次の日も訪ねた。くる日もくる日も原稿をお願いした。でも復刊号には間に合わず、あまりの悔しさに鎮子が泣き出すと、困った川端が、書く、書くと言って、その場で書いてくれた。随筆「貸本店」を持って編集室に帰ると、「川端がうちに書いてくれるなんて信じられない」と田所と柴田が何度も驚いた。川端の原稿は復刊三号に載った。

その読書新聞を家の床で読んでみても、なんだか落ち着けなかった。ふだんならこれ私が書いてもらった原稿と、家族中に見せびらかすのだろうけれど、事業をやることで頭がいっぱいだった。

事業がしたい。

これは私の仕事ではないと思い出すと、読書新聞への気持ちは薄れていった。

事業がしたい。

でもなにをすればいいのだろう。頭から布団をかぶっても寝つけなかった。

事業がしたい。お金持ちになりたい。なにかないだろうか。

そうだ、家にはミシンがある。空襲警報が出るたびに防空壕に入れて大事にしてきた、ミシンだ。久子の腕前にはとても太刀打ちできないが、戦時中も洋裁学校に通い、ちゃんと縫えるようになっていた。女は手に職をつけなくてはという久子の勧めで、妹二人もミシンはお手のものだ。家族みんなで洋服を縫って、買ってもらうというのはどうだろう。いい、すばらしい考えだ。さっそく明日からやろうと思ったとたん、待てよとなった。家の前を通り過ぎる人に洋服を売ったとしてもたかが知れている。とても、親子四人で汗水たらして働いても、販路を確保できないかぎり駄目だろう。販路のあてはまったくなかった。洋裁は駄目だと思った。

じゃあ、あきらめるの、鎮子。それは嫌だ。

自分に得意なものはないだろうか。事業にまで発展させられる私だけの武器はなんだろう。

やっぱり編集だと思った。本を作ること。それが私の武器なのだ。

考えたら興銀に入った時から「調査月報」を作り、そのあとはずっと田所のもとで編集の方法を学んできたのだ。それを活かさない手はない。私の武器は編集なのだ。

鎮子は床からがばりと起き出すと、独りつぶやいた。

「本の編集だ」

なんだかやれそうな気がした。しかし、そのとたん不安になった。頭のいい田所や柴田のようにやれるだろうか。私はなにも知らない。やっぱり編集なんてやれはしない。そこでがっかりした。悔しくてまた布団を頭からかぶった。

でも、と思った。私の強みはものを知らないことだ。戦争でなにも学ぶことができなかったことだ。そしてそれは私だけではない。日本中の若い女性がそうなのだ。私よりも五歳上の人たち、そして五歳下の人たちも同じ気持ちでいるはずだ。この五年以上にわたる戦争は、私たち女から学ぶ意欲をすべて奪い取ってきたのだ。

私が知らないことや、私が知りたいこと、私が学びたいこと、そのことを調べて本にして出版したらどんなにいいだろう。

そんな女性のための出版をやろう。

田所がどんなに長い間経験を積んできたといっても、女の経験はない。まして無学の経験は一度もないのだ。

女と無学。

私は私の二つの武器でやっていけるかもしれない。いや、きっとやっていける。

鎮子がそう決心した時、もう夜はしらじらと明けようとしていた。

読書新聞に行くと、寝ないで考えた想いのすべてを田所に話した。鎮子があまりにも熱心に話したせいだろうか、田所はいろいろ真剣に考えてくれ、やがてこう言った。

「それだったら、今デスクでカットを描いている花森に相談してみるといい」

あの、とっつきにくい花森に相談しろというのか。翼賛会時代からちょっと苦手な人だ。鎮子の表情に困惑の色が浮かんだのかもしれない。田所は再び言った。

「いや、出版編集となったら力をもっている人だ。俺なんか毎週数ページの新聞を出すのに精いっぱいだけれど、あいつは違うよ。高校、大学とあいつの編集技術を見てきたけれど、あいつにはかなわない。花森に相談するといい」

田所の熱心な勧めに後押しされるようにして、カットを描くために机に向かっている安治の前に立ち、思いきり大きな声で言った。

「花森さん、聞いていただきたいことがあります」

八　ニコライ堂のフライパン

安治は「お金持ちになりたい」と素直に言う鎮子に興味をもった。「母を楽にさせてあげたい」という言葉にも打たれた。今夜の会合を流してもいいのかもしれない。ちょっと待ってくれないかと言うと、安治は描きかけのカットを手早く描き出した。手を動かしながらも鎮子が言った言葉に心を奪われ、カットどころでなかった。

「敗戦ってなんだろうと考えました。なにかを学びたい、知りたいと思ったら、それだけはできる時代になったということだと思います。私が知らないことや、私が知りたいこと、私が学びたいこと。そのことを調べて出版したいのです。私よりも五歳上の人たち、そして五歳下の人たちも同じ気持ちでいるはずです。この五年以上にわたる戦争は、私たち女のそんな想いをすべて奪い取ってきたのだから。きっとこの出版は成功すると思います。私がお金持ちになるのを手伝ってください。お願いします、花森さん」

机の上をかたづけると「ちょっとそこまで出ようか」と安治は鎮子を誘った。

御茶ノ水の駅からニコライ堂にかけてできた闇市に出ると、安治は言った。

「鎮子さん、なにが見える?」

鎮子は安治の突然の質問に戸惑った。なにが見えると言われても、街は傾きかけた太陽に照らされて優しい色合いをもっていたが、「なにが」と安治が言うほどのものは見えなかった。

「別にこれといって」と花森の質問をはぐらかせた。

「なにも見えないか。じゃなにが聞こえる?」と安治はたたみかけた。

何人かの集団が赤旗を立てて、声高に歌って通り過ぎて行く。

「高く立て　赤旗を　その影に死を誓う　卑怯者去らば去れ　われらは赤旗守る」

聞こえてくるままに言った。

「『赤旗』です」

「そう『赤旗』だよね。でも最近ぼくは違うのじゃないかと思っている。ついこの前までは日の丸振って『愛国行進曲』歌っていたのが、今ではみんな『赤旗』だ。でも高く立てるのは日の丸の代わりに赤旗だろうか。それじゃまたあの過ちをくりかえすだけなんじゃないか」

鎮子は安治の言葉に黙ってうなずいた。夕焼けを受けて安治の姿が黒い塊になった。

「いいかい、この街角に立ってさっき君はなにも見えないと言った。でもよく見てごらん。この夕日の中で輝いているものがあるだろう」

言われて鎮子はごったがえす闇市を見つめた。それぞれの店の軒先につるされたフライパンが夕日を受けて輝いていた。迫る夕闇にアセチレンガスの明かりが柔らかかった。

「ほら、フライパンがあんなに輝いている。美しいと思わないかい。気持ちが明るくなる」

闇市の店頭に積まれたフライパンが夕日を受けて、美しくきらきら光っていた。

「戦争が終わって一番変わったと思うのは、このフライパンだ。こんなものちょっと前にはありはしなかった。料理よりも大砲だ、戦車だと言って、家にあるフライパンさえ国が持っていってしまった。その戦争道具の切れ端を持ち出して、みんながフライパンをこんなふうに作り出した。今まで台所に入ったことのないぼくでさえ、フライパンがこんなに並んで、こんなに光り輝いているのを見るとわくわくしてくる。守るのはこのフライパンなんだよ。高く立てるのは、赤旗でなく、一人ひとりのフライパンなのだと思う」

ニコライ堂の下にある、テント囲いの露天の茶店に入った。煮出しコーヒーを飲みながら安治がたずねた。

「君は言った。女の人のための出版をしたい。お金持ちになりたい。お金持ちになってお母さんを楽にしてあげたい。確かに親孝行はいいだろう。でも、君が女の人のためにどんな本を作りたいのかは、ぼくはまだ知らない。どんな本を作りたいと思うの？」

鎮子には強い想いはあるが、どんな本を作ればいいのかはいっこうに思い浮かばなかった。黙って頭を振った。安治は考えこむようにぽつりと言った。

「あの戦争が終わった八月十五日に、ぼくは町中を歩きながら、これからどうやって生きていけばいいのかを考えた。町中を歩き回り、疲れて座りこんだ上野の森から日暮里のほうを見た時に、家々に電気が灯り、きれいだった。電気さえつけていけなかったのが戦争だ。それがいっせいに電気を灯して、その明かりのもとでみんなフライパンを使ってるんだ。男たちの勝手な戦争が国をむちゃくちゃにしたのだから、今度はぼくは女性のために償いたいと思っているんだ」

そう言うと、きつく下唇を噛んだ。意を決したように安治は言った。

「あんな恐ろしい戦争を、もう二度としない世の中にしていくための雑誌を、ぼくは作りたいんだ。どうだろう」

戦争を二度と起こさないための雑誌、それはどう作ればいいのだろう。かいもくわからなかったが、鎮子はうながされたように、こくんとうなずいた。

「君も知っての通り、国は軍国主義一色になって、だれも彼もがなだれをうったように戦争に突っこんで行った。それは一人ひとりがフライパンを大事にしなかったからだ。もしみんなに温かい自分の暮しがあって、家庭があったら、戦争にはならなかったと思う。『元始、女性は太陽であった』という言葉を君は知っている？」と安治がたずねてきた。

日本女子大の時に習った覚えがある。

「平塚らいてうの？」と鎮子は答えた。

「そのあとは言えるかな？」と安治がたずねた。わからなかった。鎮子は頭を振った。

「今、女性は月である。他に依って生き、他の光によって輝く、病人のような蒼白い顔の月である」

と安治が目をつぶりながら言い、続けた。

「女性が太陽の暮し。女性が真ん中にある暮し。それが続けば戦争は二度と起こらないはずなんだ。この日本は明治からずっと長い間、男の勝手な理論が次々に国をめちゃくちゃにしてきた。女性が真ん中の暮しさえできれば、戦争は起こらない。そして君のお母さんはもっと幸せになれる。わかるね」

鎮子に話しながら安治にもやりたいことがみえてきた。女性が太陽の暮し。それを実現するための暮しの工夫や暮しの提案をしよう。

そんな雑誌が出版された暁には、平塚らいてうに自分の雑誌に随筆を書いてもらうのだ。

高校受験の時、卵や牛乳を買ってきて、なにくれとなく心配してくれた母。父の放蕩のために明るく温かい家庭も築けず、太陽になれずに、月のまま死んで行った母のためにも、この出版はしないといけない。

「ぼくはなにも孝行できずに母を亡くした。だから君のお母さんへの孝行を手伝おうじゃないか」

安治の快諾に鎮子の心は躍った。二度と戦争を起こさないことが母の孝行につながるなら、どんなにいいだろう。弾けるように鎮子が言った。

「よろしくお願いします。なんでも教えてください。勉強させてください。私、戦争で勉強できなかったから、もっともっと知りたいのです。そのためには私にできることはなんでも言ってください。なんでもしますから」

球を投げれば、ゴムまりのように気持ちよく跳ね返ってくる、この鎮子に賭けてみよう。

「日本中の女性の心をとらえるには発行場所はなんといっても銀座がいい。まず銀座に事務所を探そう」

広告会社設立のための会合時間が迫っていた。闇市のそれぞれの店が灯す明かりで、ニコライ堂が夕闇の中に浮き上がってきた。塔の尖端に耀く光がとても大切なものに見えた。広告作りの会社はもういい。そう、二度と戦争を起こさないための雑誌を作るのだ。

安治の離脱で、広告会社設立の動きは立ち消えになった。

あの日、意を決して鎮子が田所に相談していなかったら、二人の出会いはなかった。

「花森さん、銀座に事務所が見つかりました」

一九四五年の暮れも押し迫ったころだった。鎮子が息を弾ませながら編集室に駆けこんできた。

その時、田所、柴田と安治は刷り上がったばかりの、一九四六年一月一日号の読書新聞を読んでいた。安治は自分が描いた「新年特集号」の描き文字と、その横に添えた船のカットの刷り上がりを確認したあと、記事をじっくり読み返していた。

敗戦時には三百社くらいだった出版社が、今や六百社を超えるのだという。復刊第四号はその盛況を背景に、ようやく、新たな輝きを放ち始めた感があった。『新生日本の激流』『出版改革への待望』と、だれに遠慮することもなく、さまざまな本を自由に取り上げていた。新年号の紙面には生き生きとした喜びが、満ちていた。安治は新聞の最終面をめくった。特集「言論弾圧裏面史」の文字が飛びこんできた。吉川正男が「悪徳十年の嵐、軍部官僚の全面的君臨」、藤川覚が「発禁物語」第一回を、森喬が情報局で出版統制にあたった鈴木庫三を告発する「出版統制と精神的栄養失調」を書いていた。

最後に「改造」編集者だった小林英三郎の論文が載っていた。安治は「暴力と事実、『中央公論』『改造』の場合」を読み進めた。

「無謀と強制を以て始められた戦争が、当然の帰結として極めて不利な情勢に立ち至った時、昭和十九年一月二十九日の未明『中央公論』『改造』の編集者十名余りに対する一斉検挙が行われた」

書き出しから、それは緊張感をはらんでいた。

軍に妥協し、屈服しながら日々編集している「改造」が、治安維持法に触れるとは考えもしなかった小林たち検挙者全員は、自分が共産主義者であることを自供するまで、徹底的に拷問され続けたという。そして「改造」「中央公論」二誌は廃刊、解散させられ、日本評論社や岩波書店などの進歩的編集者の検挙が行われた。敗戦が決まると同時に取り調べを放棄した警察に代って、横浜裁判所はいちおう執行猶予の判決を下し、九月上旬に小林たちは一斉に釈放されたのだという。

安治は深いため息をついた。それまで読んでいた「改造」「中央公論」が突然読めなくなった背景には、このような悲惨な暴力と屁理屈による言論統制があったのだ。その被害者は獄死者四人を含め、総計六十人にものぼるという。戦後この日までまったく知らされていない事件だった。

小林はもっと衝撃的なことを書いていた。

「この事件の発端は当時の陸軍報道部長、谷萩少将が『日本読書新聞』に於て『改造』に掲載された細川嘉六氏の論文『世界史の動向と日本』を共産主義宣伝論文として摘発したことに始まる」

この読書新聞が拷問・獄死事件のきっかけの舞台になっていたとは。安治は思わず田所を見た。

一九四二年九月、文協の大会議室で行われた雑誌懇談会の席上、田所は「改造」に掲載された細川論文を戦時下言論界の推薦図書として取り上げた。その論文は情報局、警察の検閲も受け、すでに発売から一か月がたち、どこからも問題になっていないものだった。だから田所もみんなにぜひ読んでもらいたいと、回覧したのだ。「改造」を回し読んでいた谷萩が突然怒り出した。

「何だこれは、アカの論文だ。こんなものを見逃すとは情報局も警察もなにしている」

陛下の読書新聞にかけ下りると、電話を取り上げすかさず怒鳴った。

「『改造』十月号、一冊残らず押収、すぐだ」

発売一か月をへた「改造」は発禁処分となり、細川嘉六は逮捕された。以来、二年以上にわたって細川と交友関係のあった出版社の編集者が次々と逮捕され拷問を受け続けた。

小林英三郎の論文は激することなくこう結ばれていた。

「我々は今本紙編集部の求めにしたがって、言論に加えられた暴力の事実について述べた。併しその際にも、決して私怨を夾《はさ》むものでなければ、いたずらに暴露的興味を唆《そそのか》すことを能事とするものではない。我々の目はもっと遠い目標に注がれている」

「言論弾圧裏面史」は、田所の自らの戦時下の行動に対する自己批判企画だった。もう、まともに田所の顔を見るわけにはいかなかった。

ここに書かれていることは本当なのかと問うように、安治は柴田の眼を思わず見た。そんな気まずい雰囲気のところに、事務所が見つかったと、鎮子が駆けこんできたのだ。

安治の眼に、どう答えていいか戸惑っていた柴田は、これ幸いと応じた。

「おいおい今度は事務所か。驚いたね、どうやって手に入れた。信じられない。牛肉だ、切符だというのならまだわかる。とうとう事務所を見つけてきたって。お前さんは手品師か。二十万円を用意しろと言ったら、お前さんは本当に二十万円を用意するんじゃないか」

丸の内に勤める妹の晴子が昼休みになると、焼け残った銀座の七、八丁目あたりのビルを一軒ずつ探したのだという。家主が見つからないビルもある。不法占拠したうさん臭い男たちに、相場の何十倍もの家賃をふっかけられた。いい出ものがあったと喜んでみれば、なにを言うか、銀座の部屋を女に貸せるかと追い立てられた。

私たちの夢は結局、夢で終わってしまうのだろうか。

悔しくて晴子の瞳がうるんだ。涙でにじんだ風景の先の汐留川沿いに、レンガ壁のビルが見えた。もう土橋はすぐそこだった。銀座で訪ねていないのはあと二、三軒だった。祈るように晴子はそのビルの前に立った。三階の八坪ほどの事務所が空いていた。

次の日に晴子に連れられて、鎭子もさっそく銀座西八丁目五番を訪ねた。夕方でビルの明かりが汐留川の川面に映ってきれいだった。赤レンガの壁の間にくりぬかれた窓は丸くアールデコ風に縁取られ、滑ガラスを通して観る銀座は、まるで外国のようだった。こんな落ち着いた雰囲気のビルに入れたらどんなにいいだろう。

玄関口に貼りだされたビルの住居表示を見ていると、ビル所有者、名川啓太郎とあった。どこかで聞いたことのある名前だ。そして思い出した。大井の鹿島町の弁護士、名川啓太郎さんだ。隣組の名川さんは前からよく知っていた。娘さんが鎭子と同じ大井第一小学校で顔見知りだった。さっそく鎭子と晴子は新橋から大井町に向かった。

「私は戦争があって、勉強したくともできませんでした。戦争が終わり、たくさんの女性が私同様、できなかった勉強をしたいと思っているはずです。私はそんな女性たちのために出版事業をやりたいのです。事務所を貸してください。お願いします」

こう思い、こう願ったら、どんな偉い人にも、どんな難物にも、自分の思いの丈を素直に全身でぶつけていく鎭子の姿勢に、動かされない人間はいなかった。名川は敷金もとらず、格安で事務所を貸すことにした。

後年、「商品テスト」で徹底的に企業と対峙する安治の姿勢は、いくつかの裁判に発展した。そんな時、顧問弁護士として名川・岡村法律事務所の名川啓太郎は、いつも「暮しの手帖」を護ってくれた。

「長い間お世話になりました。今日で読書新聞を辞めさせていただきます」

田所に向かってぺこりと頭を下げると、鎭子は柴田に続けて言った。

「そんなわけで、今日でもうお弁当を作って上げるわけにいきません。ごめんなさい」


一九四六年。新しい年が明けた。文字通り、安治にしても鎭子にしても新しい年だった。

今年のわが家の正月らしさといえば、もうすぐ九歳になる娘の藍生のために整えた、新しい服だけだった。母の形見の藍染めを、身ごろの部分を半分に折って、襟ぐりを切り、胴周りを縫いつければ、これがなかなかかわいいワンピースとなった。赤い糯袢を切って大きなリボン結びで腰回りを飾った。糯袢の残り地を小さく切って、三つ編みにした藍生の髪の両側に、リボンを飾った。あまりのかわいさに、ももよも自分の洋服が欲しくなり、別の矢絣の着物を取りだし、洋服に仕立て直した。安治もなんだか自分の新しい服が欲しくなった。考えてみれば、八月十五日に銀座から上野までふらふらと町をさまよった時のままの、よれよれの長袖ワイシャツの上に、外套代わりの厚手のラクダのシャツを着ているありさまだ。蜻蛉模様の絣の着物を解体して、綿入りのジャケットとハンチングを作った。こうやって親子三人並んでみれば、なんとも正月らしく華やかにみえた。襖の張り替えさえままならず、昨日ながらの貧しい食卓であっても、衣服を変えることで、こんなにも豊かな気持ちになれるとは。

まだ住むこと、食べることまで手が回らなくても、きっと人々は、戦争の代名詞である国民服とモンペを脱ぎ捨てたがっている。

なんの技術がなくても簡単にできる直線裁ちで、タンスの奥にしまっていた着物を仕立て直すことが、きっと新しい時代を迎える儀式になる。ここから始めてみようか。

松の内が明け、二人は銀座土橋近くの日吉ビルに出勤した。

しかし困った。なにを始めようにも、事務机一つないのだ。

安治は汐留川に揺らめく自分たちの事務所の光を見つめた。川の向こうの闇市からは内臓でも煮込んでいるのだろうか、いい匂いが立ちこめ、並木路子が歌う「リンゴの唄」が聞こえてきた。安治はため息をつき、事務所の電気を消すと階段を降りた。汐留川のビルの明かりの揺らめきが消え、闇市のアセチレンガスの明かりの色が一段と濃くなった。

土橋に向かって歩いていると、懐かしい男に会った。報道技術研究会にいた新井静一郎だった。

終戦間際まで一緒に作っていた戦災援護会の写真展「焦土の戦友」の時以来だ。新井は飾りのない端的ないい文章を書く男だった。電通の仕事を手伝っているという。

なるほど土橋から右手のすぐが電通だったから、ばったり会うのももっともだ。

新井の顔を見て思い出した。報道技術研究会が使っていたあの大きな机はどうしただろう。

厚いベニヤ板に脚をつけただけの、なんの変哲もない机なのだが、大きいことがとりえだった。その机を囲んで、山名文夫や新井と「もっと端的で強い言葉はないか」「この言葉で本当に人々の心を揺さぶれるのか」と何度も議論し、山名が描いたデザインを原寸の大きさに割り出していった机だ。あれなら直線裁ちの作業もなんなくこなせるだろう。

「あの机、どうなっただろう」と安治は新井に聞いた。

「山脇さんはまだ疎開から帰ってないので、そのままアトリエにあるはずです」

「あの机、ぼくに譲ってもらえないだろうか」と安治はたずねた。

「図体だけ大きくてなんのとりえもない机ですよ。あれでいいのなら、ぜひ使ってください」

新井は闇市の中に消えた。

報研があった駒場の建築家山脇巌の家に行くと、その大きな机はまだそのまま残っていた。思わず机の上を指でふれた。長い間使われていなかったため、ほこりが指の裏にうっすらとついた。ペンの強さとペンの哀しみが、指先にまといついてくるようだった。この机が安治の言葉の強さを徹底的に鍛えあげた。この机が安治のデザインの確かさを徹底的に磨いた。この机から始めること。この机で作り出すこと。この机に座り続けること。それが安治の戦争責任だった。

大八車を借りると、駒場から銀座まで、焼け跡の残る瓦礫の中を、冬だというのに大汗をかいて運んだ。日吉ビルの三階の事務所に机を運び上げると、がらんとして殺風景だった部屋が、ようやく事務所らしくなった。

さっそく机に座り、鉛筆をていねいに削ったあとに、「スタイルブック」と書いた。

どんなに　みじめな気持でいるときでも

つつましい　おしゃれ心を失わないでいよう

かなしい明け暮れを過しているときこそ
きよらかな　おしゃれ心に灯を点けよう
より良いもの、より美しいものを求めるための切ないほどの工夫
それを私たちは、正しい意味の、おしゃれだと言いたいのです
それこそ、私たちの明日の世界を作る力だと言いたいのです

安治が巻頭の言葉を書き上げたところに、晴子が息せききって駆けあがってきた。晴子の手には二万円が握られていた。

鎮子はその金額の大きさに驚いてしまい、思わず「晴ちゃんどうしたの？」と聞いた。

晴子は保険会社で千葉の流山地区を担当していたが、その地区の保険をまとめている秋元さんという人が、「大橋さんのお姉さんが事業を始めると聞きました。これからはなにかとお金がかかるでしょう。これをお使いなさい」と用立ててくれたのだという。設立資金には十分すぎた。

出版社の名前を「衣裳研究所」とした。社長に大橋鎮子が就いた。編集長は花森安治。社員は晴子に芳子。でもだれも社長とも編集長とも呼ばなかった。花森さん、鎮

子さん、それが最初から花森の死まで続いた呼び方だった。

大学の卒論が「社会学的美学の立場から見た衣粧」だからといっても、実際に洋裁の実技ができるわけではない。安治は主婦之友社の『洋裁全書』を買いこんで、隅から隅まで勉強した。田所に頼んでアメリカのファッション雑誌や映画雑誌を読みあさり、気に入ったデザインがあると、これも直線裁ちの中にすかさず取り入れた。

安治が直線裁ちのデザインをおこした。報研から譲り受けた大きな机を裁縫台にして、古い着物をほどいて裁つのは鎭子の役目だ。そしてそれを母久子が縫いあげた。戦前から和洋裁をこなしてきた久子の手早さといったらなかった。安治が描くデザインはたちまち一時間後には新しいスタイルの服になった。そのできあがった服を着て、芳子が安治の前に立った。

空襲で多くの印刷所が写真製版機や分解機を焼かれていた。着飾った二人の写真を載せようにも、印刷代がかかりすぎるのであきらめた。結局、直線裁ちの衣服をまとった女性のイラストレーションを安治が描いていくしかなかった。戦前の「婦人の生活」と同じ手法だった。

「芳子さん、髪をほどいて右側になびかせながら両手を広げてごらん」

襟ぐりをわずかに残して直線に裁ったワンピース。袖から肩口までが大きく膨らんだ曲線は、腰に向かってそのまま細く収束していく。そのラインは大胆で開放感に満ちみちていた。その肩口にウェーブした芳子の髪が優しくたれた。

そんな芳子の姿を、安治は炭と四Bの鉛筆を使い分けながら、クロッキーで描き出していった。その確かなデッサン力に鎮子は驚いた。

今まで読書新聞のカットや、三角にとんがった鼻とくるくるした眼の男女のデッサン画しか見てこなかった鎮子だった。安治のよさは、デフォルメしたイラストレーションの妙にあるのだと思っていた。それがどうだろう、このクロッキーの根底には、基本のデッサンを積み上げたものだけがもつ、確かなデッサン力があった。

芳子がモデルになったクロッキーが次々に仕上がっていった。手作りのアクセサリーのデザイン画も安治が描いた。

「洋裁を勉強していなくてもだれにでもつくれる直線裁ち」「タンスの中にしまってある着物で美しい服を」などのキャッチフレーズのもとに、安治は描いたクロッキーをレイアウトしていった。予算からいっても、色紙《いろがみ》に赤版と青版二版だけで印刷するしかなかった。紙、インクと物資のないなか、大政翼賛会宣伝部で学んだ色のかけ合わせの知識が、ここでいかんなく発揮された。最後のページには型紙も挟みこんだ。

十八ページ、定価十二円の「スタイルブック」は、アメリカのファッション雑誌の一

「スタイルブック」創刊号
資料提供＝暮しの手帖社

部を抜き刷りしたのではないかと思わせる、新しい色彩感覚に満ちていた。

　刷り上がった「スタイルブック」を手に取り、何度もページを開いたり閉じたりしながら、安治は初めて戦争が終わったのだと実感した。この一冊がきっと世の中を変える。この一冊で女性は美しくなれる。いや、今はやりの言葉でいえば、美しくなる権利があるのだ。

　安治は満足げに初めて出す広告の文案を書いた。

『スタイルブック』
たとえ一枚の新しい生地が無くても、もっとあなたは美しくなれる
思わず溜息の出るような豪華さ愉しさ美しさ　夏のスタイル一〇〇種
五月下旬発売　定価十二円送料五〇銭
少ししか作れません　前金予約で確保下さい

東京銀座西八ノ五日吉ビル　衣裳研究所

金がないので、注文がきてから少しずつ印刷するしかなかった。

一九四六年五月二十一日。朝日、読売、毎日新聞のほか神戸、徳島、北海道、西日本の地方紙の一面に広告が載った。朝日新聞の一面には「流産の危機辛くも突破、吉田内閣陣容成る」として総辞職した幣原内閣に次ぐ吉田新内閣の内定した十六閣僚の名前が載っていた。メーデーおよび人民大会以来連日続く食料確保のデモに対して、マッカーサー元帥が「暴民デモ許さず」の声明文を発表していた。

広告といっても新聞一段、幅一・五センチのほんの小さなものだった。果たしてだれかの眼にとまるのだろうか。安治も鎮子も心配になった。

ところが、大変なことになってしまった。

毎日、毎日赤行嚢《あかこうのう》と呼ばれる大きな布袋に包まれて、書留郵便が配達されるようになった。報研から譲り受けた大きな机の上は、たちまち書留の袋で山のようになった。

郵便為替を取り出し、それをまとめて、今度は築地の京橋郵便局まで現金に換えに行った。最初のうちは気軽に応じていた郵便局も、こんなに大量の為替を毎日現金化できないと言い出した。困り果てた鎮子は、前に勤めていた日本興業銀行を訪ねた。いくら昔の行員とはいえ、国策銀行の興銀が個人を相手にしてくれるだろうか。不安だった。窓口に同期入社の北岡文一が座っていた。いったん預金してくれるなら、興銀が中央郵便局と連絡を取り、現金化してくれるという。重工業相手の国策銀行が窓口をもち、一般の預金を取りこみ始めたことに、鎮子は新しい時代の到来を知った。

安治が提案した「スタイル」という言葉は、からからに乾いた若い女性たちの心を強くとらえ、たちまちのうちに浸透していった。服装デザインブームがあっという間に押し寄せてきた。

安治と鎮子三姉妹ではとてもやっていけない。鎮子は第六高女時代の友達で夫が戦死してしまい、どう独り暮しをしていこうか困っていた中野家子と、同じく知り合いの清水洋子に加わってもらうことにした。二人とも和洋裁が得意だった。戦前は日本宣伝技術家協会にいて、大政翼賛会の広告用紙や印刷の管理をしていた横山啓一が、営業兼経理担当として加わった。

「スタイルブック」は引き続いてその年の九月と十一月、そして翌四七年にブラウス八十点を載せた「春から夏号」、自分で作る水着特集の「真夏号」と四冊続けて発行された。

「スタイルブック」の実践講座として、各地で直線縫いの教室を開いた。最初に安治が「着たいものを着る、それが戦後だ。だれに遠慮もいらないのだ」と説いたあとに、鎮子たちが直線縫いの実際を講義した。どこの会場も人であふれかえった。

しかし、五号目が出たあたりから、売り上げは目にみえて減少していった。「スタイルブック」を真似た三、四十種類の雑誌が次々に出た。戦後に誕生した「婦人生活」や「主婦と生活」が四万部も売れているというのに。

特に配色手帖までつけ、「美しい流行は働く者から生まれる」と、安治が精魂こめた四七年十月の六号目の「働くひとのスタイルブック」がまったく動かなかった。働く人への想いが伝わらない。結局日本では、昔ながらの良妻賢母型の婦人雑誌しか育たないのだろうか。

あんなに毎日たくさん届いていた郵便為替も、目に見えて少なくなってきた。

安治は自分の感覚と多くの女性たちの感覚がずれていることを肌で感じた。自分のデザイン感覚が届かないとしたら、どうすればいいだろう。

女性のために殉じようとする、その気持ちが届いていないのだろうか。

戦後は着たいものをどう着てもいい時代だと言っておきながら、自分の価値観を押しつけてはいないか。それなら翼賛会時代と同じだ。安治は真剣に悩んだ。

着たいものを着るというのなら、なぜお前が女性の服を着て、その本質をわかろうとしないのだ。

殉じるというのなら、なぜ女性の服を着て、殉じてみせないのだ。

「スカートをはいてみよう。女性の気持ちで街を歩こう。きっと解答が見つかる」

でもできるだろうか。そして突然安治は自分が嫌になった。服はなにを着ても自由だと主張し、そのことで人を集め、その方法論を講演実践することで日々の食いぶちを稼いでいる自分が、着たいものも着られず、なぜ女性たちを輝かせられるのだろう。

ジャケットと対の長いスカートを自分でデザインした。スカートに見えるが、歩きやすいように股がみを深く取って片足ずつ入るようにした。太いズボンに上からロングスカーフを包みこんだ感じをイメージした。デザイン画を渡すと、鎮子がおもしろい形ですねと、型紙をおこしてくれた。「だれのお洋服ですか。ずいぶん大きな方ですね」と言いながら、たちまちのうちに生地は裁断された。中野家子がそれを鮮やかなミシンさばきであっという間に縫いあげた。スコットランド騎兵隊風キルトに近いスカートができあがった。

安治は家子からできあがったスカートを受け取ると、日吉ビルの二階と三階の踊り場にある共同トイレに行って着替えた。ちょっと胸が高鳴るのがわかった。なんだ安治、お前が男の洋服、女性の洋服と線引きをしていてどうする。女性の領域に足を踏み入れることにこんなに緊張し、困惑するなんて。さあ、スカートに足を入れるんだ。殉教者ならこの法衣をまとうのだ。狭いトイレの空間でかがみながら胴周りに足を入れ、スカートをたくしあげた。素足の内腿《うちもも》を冷や汗がすーと流れ落ちた。

トイレから出て編集室に入った。一歩歩くごとに内腿からも、長袖のワイシャツの脇のしたからも冷や汗が流れ落ちた。鎮子も芳子も家子も安治のスカート姿を見て、呆然とした顔をした。なにも言わなかった。

安治は照れ笑いをすると、ちょっと銀座あたりを見てくると言って、事務所の扉を閉めた。

階段を降りようとして、安治はあっと小さな声を上げた。いつもの歩幅でつい足を出してしまい、スカートが邪魔して、あやうく階段を転げ落ちそうになった。あわてて手すりに手をやった。歩幅がこんなに違うとは。スカートをはくとはこういうことだったのか。女性はいつも太陽であるべきだと言ってきた自分。戦後は女性の暮しを大事にすることに尽くすと誓った自分。それがなんだろう、結局男の思想と男の感覚で、女性を見ていただけではないか。スカートをはいた女性の、階段一つの歩幅の感覚もわからず、なにが女性を太陽にするだ、なにが着たいものを着ればいいだ。

安治は日吉ビルを出ると、ようやく復興なってきた銀座の街を歩いた。女性が町を歩くということはこういうことなのかと感心した。歩幅が限られるから、自然歩みは遅くなる。しかし、そのわずかな速度の違いで、町がじっくり見られるのだ。町への観察力が高まるのだ。男性に比べ、多くの女性が一つひとつのものごとに深い洞察力をもっているのは、このわずかな歩幅の小ささが、ものを見る時間をゆっくりと豊かにしているからだ。

向こうからやってくる人々が安治を見て、さまざまな反応をするのが手に取るようにわかった。同時に安治は悔んだ。自分を責めた。女性を太陽に戻そう、女性の暮しに尽くそう、女性に殉じようと決心した日から、なぜスカートをはかなかったのだ。

前から歩いてきた男が啞然とした様子で、すれ違う安治を見て立ちつくした。闇市のカストリで酔っぱらった男が、指をさしてあざ笑う。あるいは見てはいけないものを見たというふうに慌ててそっぽを向く男たち。この冷笑と軽蔑と好奇の眼に晒されて生きられないようなら、とても自分は女性に殉じて生きることなんかできない。

スカートをはき続けること。

それは身をもって女性の生活感覚、皮膚感覚を知るための手段だった。

スカートをはき続けること。

それは女性たちにモンペをはかせ、その夫を、その息子を戦場に送り、彼女たちの暮しをめちゃめちゃにしてしまったことへの償いだった。

笑われようと、変態扱いされようと、スカートをはくことで、女性に殉じるかたくなな気持ちを、自分の中に育てるのだ。そう決心しながら、安治はようやく明かりが灯り出した銀座通りを歩いた。そうこの暮しの明かりを護るために。

女性のいでたちをして街を歩き、日吉ビルの階段を上ってみればわかることがあった。

歩く、伸びる、しゃがむと、一つひとつの動作が男と違うので、スカートによる立ち居振る舞いは、住まいのかたちと直結する。食べ物が体型に影響する。やはり女性の暮しは、衣裳と住まいと食べ物を抜きに考えられないことが、スカートをはいてみて手に取るようにわかった。

この三つの要素のどれ一つが欠けても、女性の暮しは豊かにならない。「スタイルブック」とは違う新しい雑誌を出そう。

安治は新しいデザインの、縫い上がったばかりのスカートをはきながら、決心した。

一九四八年、街にはデビューしたばかりの美空ひばりの歌声が流れ、新橋の闇市にも食料が出回っていた。銀座の焼け野原に次々とビルが建てられ、人々は掘っ立て小屋暮しから安普請だが自分の家を手に入れ始めていた。住まいと食べ物と衣裳の視点から女性の暮しを考える雑誌が必要な時代がもうすぐそこまできていた。

「新しい雑誌を作ろう」

一昨年十一月二十九日に亡くなった父の影からも自由になって、新しい時代に飛び立つのだ。

安治は髪を伸ばすことを決心した。きっと女性の気持ちがもっとわかるだろう。

九　松葉どんぶりと胡麻じるこ

雑誌の名前をどうしようか、安治は悩んだ。「スタイルブック」をこの二年やってきて、最初は郵便局さえ嫌がるくらいにあんなに売れていたものが、急速に駄目になった理由はなんだろう。長い戦争で乾いた焦土以上に、からからに乾きに乾いた女性の心に、「スタイル」という言葉が一気に沁みこんだ。必要以上に受け入れられてしまった。「スタイル」が流行になってしまった。失敗だった。動くとなるとみんなが小判鮫のように「スタイル」に寄ってきて食いつぶし、模倣が模倣を呼び、陳腐化してしまう。そして次の流行にみんなが移って行く。流行とはその一瞬輝いても、次の流行がきてしまえばもう陳腐化して忘れ去られてしまうものなのだ。時代の子になってはいけない。どんな時代がきても揺るがないもの。それを雑誌の冠にいただかなくては。

その言葉はなんだろう。

安治は悩みながら戦時中に生活社と築地書店から出した五冊を大事そうに取り出し

た。どれも竹や朝顔、矢絣などの青い布地を模した紙を使ってある。その表紙カバーを開くと、中から別の文様の青い絣地が再び現れ、そこに赤で「婦人の生活」「みだしなみとくほん」「すまいといふく」「くらしの工夫」「切《きれ》の工夫」と題字が書かれている。よくこんな凝ったことが物資のない時代に一円三十銭でできたものだ。「足らぬ足らぬは工夫が足らぬ」時代だったからこそ、これらは受け入れられたのだろうか。もしそうだとすると、この焦土と化した今こそ、住まい、衣服、料理と、どれをとっても「足らぬ足らぬは工夫が足らぬ」時代のはずだ。きっとこの雑誌はうまくいく。戦前自分が作った本の中から「生活」「工夫」「暮し」という言葉を、口に出して言ってみた。

戦後多くの人が口にする言葉に「文化」がある。知性とか教養とか客間とか紳士とか、へんにオツに澄ましていてどうも好きになれない。かといって「生活」でもない。最近「生活の合理化」なんて言葉が大手を振ってまかり通っているが、どうも嫌なのだ。なんだか日本銀行から出たばかりのピン札みたいだ。そんな雑誌を作る気は頭からなかった。

使い古された百円札を見ていると、それをたたんだり、のばしたりしてきた大勢の人たちの笑い声や、ため息が聞こえてくる。薄暗い明かりの下で煮炊きする匂いや、青空に広がる石鹼の匂いがしてくる。背伸びもせず、あるがままの暮し。あの少年の日、田宮虎彦がダイヤモンドのようだとたとえた神戸の明かりや、八月十五日の上野の山で見た明かりの一つひとつには、確かに食べ物の煮える匂いや、石鹼の匂いがあった。暮しがあった。

安治は原稿用紙の真ん中に、「暮し」と書いてみた。

自分が作るならいくつにも折りたたまれて、しわだらけになった百円札のような雑誌だ。開いたり、閉じたりして、毎日使い込まれて角も取れてしまった手帖のような雑誌がいい。

安治は「暮し」の下に「手帖」と書きくわえた。

「暮しの手帖」

グラビア特集は、安治がデザインした「直線裁ち」だった。大学一年の時に戸田の海でひと夏着続けた、バスタオルの「直線裁ち」をもとにした。直線裁ちした銘仙の着物の身頃に斜めに袖をつけ、首回りと袖口にキャラコで襟とカフスをつけた。紺絣は思いきって和服のシルエットを取り入れてワンピースにした。肩揚げをとり、袖はたすきをかけた感じに絞った。

安治のデザインを中野家子が縫い、大橋鎮子が着て、松本政利が写真に収めた。

松本は「婦人の生活」以来、安治が編集した五冊の雑誌の写真のほか、翼賛会の宣伝物の写真をともにずっと撮り続けてきたカメラマンだった。戦時中は霞ヶ浦少年航空隊を飛び立つ少年たちの姿を松本は撮り続けた。あの胸しめつけられる撮影に比べ、この撮影はなんと明るく楽しいのだろう。ファッションが撮れる時代がきた喜びに震えながら、松本は鎮子の笑顔を押さえた。

以来、松本はファッション、料理、家屋、風景と「暮しの手帖」の写真のすべてを撮り続けた。

だが安治が、撮影を松本にすべて任せきりにすることはなかった。どんな撮影の一カット一カットにも必ず現場に立ち会い、脚立に上り、カメラ位置を決め、ファインダーを覗いた。一つひとつの切り抜きを同じ角度に整然と並べ、バウハウスデザインのような規律ある商品カタログを作りたい安治は、商品撮影となると、商品一つひとつの位置を右に何センチ、左に何センチ動かしてと、細かく指示した。すべて自分で指示し、確認し、納得しないと気がすまないのだ。安治と松本の関係は、ほとんど小津安二郎と撮影監督厚田雄春との関係に近かった。小津が生涯厚田を必要としたように、安治は松チャン先生を生涯必要とした。

松本の撮る写真は、土門拳をして「白を背景に白い豆腐をこれだけ際立たせて撮るカメラマンを知らない」と言わせたくらい、鮮やかだった。

「日常生活の中でふと感じたこと（家族、料理、旅、友人、趣味、仕事など）をお書き下さい」という言葉を添えて各界の人々に随筆を依頼した。それぞれの分野の先頭に立つ人だからこそ、その暮しの視点は深い洞察力と観察力にあふれ、独自性に満ちているはずだ。その独自性が読者には大いに興味をひくと同時に、参考になり、きっと新しい暮し方として普遍化していくと安治は考えた。それは戦前に編集した五冊の雑誌と同じ手法であり、その後も基本編集方針としてかたくなに守られた。それが「暮しの手帖」をきわめて独自な視点の雑誌に育て上げた。安治亡き三十三年後の今も、「暮しの手帖」編集者たちは同じ言葉を添えて筆者に原稿を依頼する。

随筆の書き手のほとんどは安治が選んだ。多くの人が「暮しの手帖」などという聞いたこともない地味な雑誌に随筆を書くことを断った。しかも自分の毎日のことを書けというのだ。交渉は難航した。だが、創刊号だけに名のある人の原稿が欲しかった。

読書新聞の戦後復刊にあたって、田所太郎がどうしても川端康成の原稿を望んだように、安治も自分の雑誌の創刊号には川端康成が欲しかった。書いてくれるだろうか。鎭子が交渉した。

川端は読書新聞の時に日参した鎭子をよく覚えていてくれた。鎭子の求めに応じて川端は「姉はあんなにやさしかった人なのに、どうしてあのような死にざまを見せたのか、私にわからなかった」という書き出しから始まる掌編「足袋」を寄せてくれた。それは二つの死にまつわる川端ならではの繊細な文章だった。

後年、川端康成の自殺の報に接した時、安治は「足袋」の書き出しを思い出した。

作家の佐多稲子、中里恒子、随筆家の森田たま、映画監督の山本嘉次郎、歌人の土《と》岐善麿《きぜんまろ》、音楽評論家の兼常清佐《かねつねきよすけ》、ファッション評論家の中原淳一などが求めに応じて随筆を書いてくれた。

それでも原稿はたらず、名のありなしに関係なく、まず田宮虎彦に頼みこんだ。前年「世界文化」に「霧の中」を発表したものの、一向に売れない田宮は「一口に衣食住というけれども、そのどれ一つをとってもいじらしいほどの窮乏である」と「地獄極楽」を書いた。安治は早く世に出て欲しい、その時は暮しの手帖社からぜひ小説集を出そうと願いながら、原稿末尾に「筆者は小説家」と紹介した。

田宮虎彦の短編集『足摺岬《あしずりみさき》』が暮しの手帖社から出版されたのは、創刊号から四年後の一九五二年五月だった。そのあとがきの最後はこう綴られていた。

この作品集が上梓されたのはひとえに友人花森安治君の好意による。花森は小学校頃からの友人であるが、友人であるという以上に、私は花森にもっと親しい気持を感じている。それは、半ば畏敬するといえばいいような気持でもある。私は、私のこの作品集が、花森の好意に応えるに足りるものかどうかをひそかにおそれる。しかし、私としては私なりの最善の努力をつくしたものであることで、花森の許しを受けたい。この作品集の上梓にあたって、ここに収載された作品によせられた数多くの方々の好意を謝すると共に、花森のかわらない友情に対しても、私は深く感謝したいと思う。

安治はその謝辞に応えるように、自分のもてる美意識のすべてをその装丁に注ぎこんだ。滝川事件、天皇機関説と日々暗くなる大学生活に絶望した一人の大学生が、死を覚悟して足摺岬を訪れ、そこで再生の瞬間を手にするという、田宮の静謐な精神が綴られる『足摺岬』にふさわしい装丁で、田宮の想いに応えたかった。安治は卵色の表紙地に「足摺岬　田宮虎彦」の文字を箔押しし、表紙の左端の上下に三角の灰色の布を置き、共布を背表紙にも回した。そしてその本をキャラコの手触りを思わせる真っ白いたとうで包みあげた。白い卵をむくと精神の核心が現れるような、実に凝った装丁で、この本を読んで自殺を思いとどまったという便りが編集部には何通も届いた。

まだまだ随筆原稿は足りなかった。扇谷正造にもすがった。扇谷は「背広」と題する随筆で「どこへ行くにも背広という方式の中には、実は、少し新聞人の哲学がこめてある。つまり、ニュースの前に万人は平等であるというわけだ」と、日ごろは垣間見えない新聞記者の世界を描いてくれた。そういえば、あの翼賛会詰め記者室で扇谷と再会した時も、彼は背広姿で翼賛会宣伝部員と喧嘩をしていた。

陸軍一等兵としての二年間の生活は、余りみじめで思い出したくもない。ただヤミの中にうごめく虫ケラのような生活の中でも、時折、口惜し涙にくれたことを覚えている。

「ああ、この南京袋のような軍服をぬぎ捨てて、若し、背広に着かえたら、ああ……」

痛いほど扇谷の気持ちがわかった。解決できない戦争体験の暗い闇が、その随筆に陰影をつけていた。母の死に「新聞記者か編集者になる」と誓った新聞記者の世界とは、こんなに深かったのか。毎号新聞記者の生態を扇谷には書いてもらおう。

三年後、暮しの手帖社から刊行された扇谷正造の『鉛筆ぐらし』は、一本の鉛筆に全生命を燃やしきる、あまり人に知られない新聞記者の生態をいきいきと描き出し、「週刊朝日」編集長となった扇谷の本を「サンデー毎日」がほめあげるほどの評判になった。扇谷は発行部数十万部のその「週刊朝日」を百五十万部にまで育て上げ、朝日新聞社を退職後は評論家として活躍する。

そして戸板康二にもすがった。戸板にはだれにもわかりやすい歌舞伎ガイドを求めた。戦争が始まった次の日に借りた、明治製菓の巡回車の中で聞いた、戸板の歌舞伎の観方が独特でわかりやすかった。こんな視点を読者に紹介できればきっと歌舞伎ファンはもっと増えるだろう。

連載十五回で『歌舞伎ダイジェスト』という本が生まれた。安治は表紙に藍小紋に紅の小袖を開いた挿絵を描き、見開きにこう書いた。

あなたの部屋の　どこかの壁に　ちいさなドアの画を描く　そのドアに把手を描きこみ　把手の下に鍵穴もちゃんと描きこむ　さて　鍵がここにある　この鍵をいま描きこんだ鍵穴に　さしこんで　ガチャリとまわす　ドアがひらく　あなたはドアの向うへ入ってゆく　ドアの向うは　極彩色の歌舞伎の世界である　さあ　きたまえ　この小さな本のドアを開きたまえ　あなたを恍惚と遊ばせる世界が　この

中にある

戸板康二はこの本を手に、歌舞伎評論家としての道を歩んで行くことになる。

そんな執筆人のそれぞれの明日も見えぬまま、「暮しの手帖」創刊号は編集を終えた。

目次は随筆の題目と筆者名を点線でつなぎ、一つのかたまりのように整然と見せた。それは安治が高校三年生の時に校友会雑誌の目次で作ったものと同じだった。

表紙には、少年の日に見た異人館の居間の暮しを描いた。佐多稲子の随筆「色彩」の横には、松江の座敷に出てくる家紋入りの一人御膳の絵を添えた。

少年安治の中で育まれた明るくモダンな神戸の感覚と、城にしつけられた折り目正しい静かな松江の生き方。その二つの感覚と感性で「暮しの手帖」は編集されると同時に、それは、安治自身の生きかた、倫理、思考、そして志向や行動規範となっていった。

表紙がすべてできあがってから、安治は題字の「暮しの手帖」の横に「美しい」という文字を嫌々入れた。取次店から雑誌名の「暮し」が暗いと異議があったのだ。一九四八年の時点では「暮し」は確かに暗い言葉だった。住まいも物資もなく先が見えない時代を象徴する言葉として「その日暮し」があった。「美しい」と入れないかぎり、取次ぎをしないといわれれば、なんの力もない安治は不承不承でも受け入れざるをえなかった。

すべての編集を終えると、安治は表紙裏に読者へのメッセージを綴った。

「暮しの手帖」創刊号
資料提供＝暮しの手帖社

これは　あなたの手帖です
いろいろのことが
ここには書きつけてある
この中の　どれか　せめて一つ二つは
すぐ今日　あなたの暮しに役立ち
せめて　どれか　もう一つ二つは
すぐには役に立たないように見えても
やがて　こころの底ふかく沈んで
いつかあなたの暮し方を変えてしまう
そんなふうな
これは　あなたの暮しの手帖です

そして、下の段に大きなメッセージを添えた。

「原稿を送ってください」

読者の原稿をどんどん取り入れることで、紙面が活性化すると同時に、読者の質的均一化が図れることを、読者や地方通信員の原稿で紙面構成した帝大新聞の経験で、安治はよく知っていた。送られてきた読者の原稿を厳選し、「読者の手帖」「エプロン・メモ」「家庭学校」「すばらしき日曜日」のシリーズに育て上げることで、読者の知的基準の向上、均質化を図ると同時に「花森安治と読者」の一体感、濃密な人間関係を作り出していった。

「暮しの手帖」は安治が三十七歳になる直前の、一九四八（昭和二十三）年九月二十日に発行された。だが、安治にはどうしてもしておかなければいけないことがあった。

あの十八歳の時に大倉山の図書館で出会った一冊の本『円窓より』の著者、平塚らいてうにいつか会い、自分の雑誌に随筆を書いてもらうことだ。

ただそのためには「暮しの手帖」を出し続けられるか、二号目が勝負だった。

創刊号は定価百十円で一万部刷った。しかし取次店は七千部しか配本してくれなかった。日吉ビルの部屋や廊下には、束になった「暮しの手帖」が引き取り手もなく、うず高く積まれていた。

このままでは古雑誌になってしまう。次の号も出せなく終わる。らいてうにあなたの暮しのことを書いて欲しいと執筆依頼もできなくなる。自分の青春の一冊の人に会えなくなってしまう。

店頭に置いてもらおうと、自分たちで本屋を回ることにした。安治は中央線沿線の担当になった。リュックに「暮しの手帖」を詰められるだけ詰めた。二つの風呂敷に包んだ雑誌の束を持った。まるで買い出しにでかける姿だった。まず中野駅に降りた。リュックから見本誌を一冊取り出し、後は一時預かりに預けた。街のところどころにある書店を訪ね、雑誌を置いてもらえないか頼みこんだ。置いてくれるとなったら駅に取って返して十冊ばかりを預けた。そして再び電車に乗ると高円寺に向かった。疲れきって新橋に戻ると七時になった。湘南地区を担当していた鎮子や、千葉を担当した横山が帰ってきた時のために、安治は石油缶に穴を開けたストーブで芋を焼いた。

また次の日も中央線に乗った。

そして一か月後預けた雑誌の回収に行った。「暮しの手帖」が本屋の棚の下で七冊打ち捨てられるように埃《ほこり》をかぶっているのを見ると、さすがにこたえた。三冊の本代を請求すると、万引きされたと平然と言い放つ書店主がいた。つい殴り倒してやろうかと思ったが、らいてうに書いてもらう日まではと、拳を握りしめることで怒りをこらえた。

毎日みんながへとへとになるまで行商をした結果、なんとか次号のめどがついた。安治は少しどきどきしながら成城の駅をおりた。なんだろう、三十七歳の大の大人が初恋の人に会うようにそわそわしている。そんな自分が自分でおかしかった。

案内を乞うと、和服を着た女性が現れた。六十二歳になるその人は髪こそ白いものの、肉厚な唇と細面の顔がアンバランスで、不思議な色香を漂わせていた。

「若い燕」という流行語が生まれるような、世間から非難される激しい恋をし、真の愛情さえあれば結婚とか、家制度などどうでもいいと、二人の子供を平塚姓で育てたらいてうも、下の男の子が徴兵の年齢になると、軍隊内で私生児として不利益を被らないようにとの親心から、奥村博史との婚姻届をようやく出し、婚姻制度との長い闘いに決着をつけていた。

らいてうは新憲法が公布されると「いまこそ、解放された日本の女性の心の底から、大きな、大きな太陽があがるのだ。みよ、その日がきたのだ」(『母子随筆』桃李書房一九四八年)と喜び、生涯その平和主義は揺らがなかった。

らいてうの居間にあがらせてもらい、部屋を見渡した時、あの神戸大倉山の図書館で、平塚らいてう、与謝野晶子、伊藤野枝の三人の生き方を知り、らいてうに共感した、若い日の自分の直感は間違いではなかったと、安治は悟った。

温かいのだ。

母性の権利や自由を主張する前に、この居間は、この家庭は、なんと温かいのだろう。居間には穏やかな安らぎが満ちていた。

らいてうにとってはこの安らぎがあってこその平和運動なのだ。

自分が編んだ創刊号を差し出しながら、安治はらいてうに暮しの随筆を頼んだ。

らいてうは「暮しの手帖」第二号に「陰陽の調和」を寄せた。

今は何でも科学、科学、科学的でなければならない時代で、栄養士という女性新職業が有望な今日にあって、わたくしの食生活の指導原理といえば超科学的な陰陽の原理である。それは陰陽いずれにも偏せず食べること、陰性の強いものは醬油など陽性をきかせ、中性に調理したり、人々の体質の陰陽度に応じて、たべものの方の陰陽のサジ加減をすることが重要だと説き、また玄米や胡麻じるこがいいとも書き添えた。

安治はらいてうの随筆に、お玉やフライ返しの挿絵を添えた。

らいてうの胡麻じるこはどう作るのかという、読者からの問い合わせがたくさん寄せられた。こうして雑誌は筆者と読者とともに育っていく。その回答を載せるまで倒れるわけにはいかなかった。

三号目のグラビアページは「春の直線裁ち」「台所のちいさな工夫」と充実した。このあと人気シリーズに育つことになる「西洋料理入門」を、文化アパートのコック長千葉千代吉に書いてもらった。これで衣食住と暮しの雑誌らしくなってきた。

グラビアページを増やし、随筆のページも増えた結果、経費がふくらみ印刷所への支払いが苦しくなった。「こうなったら広告でもとりましょうか」と言う鎮子に、安治が色をなして怒った。

「他人の広告が入ったら、頭の表紙から終わりのあとがきまで、すべてこの手で携わり、みんなこの手で描きあげ、細かくこの手で校正したいのにできなくなるじゃないか」

怒鳴りながら安治は、あの校友会雑誌に書いた編集後記を思い出していた。あの日から自分は、一つも変わっていないのだ。すべてをこの手の内に収めないと気がすまないのだ。広告など入れるものか。といっても広告を取って歩く人手などまったくなかった。

四号目を出したい。ようやく料理のページも充実してきたのだ。二号目にらいてうが書いた胡麻じるこの作り方を問い合わせる読者からの便りが、今でも毎日届く。四号目に再びらいてうの原稿が欲しかった。

怒鳴られた鎮子は、しょんぼりと銀座の並木通りを歩いていた。安治には詳しく言っていないが、資金ぐりは深刻の域を実は通り越していた。定価を三十円上げてみたが、焼け石に水だった。しかも値上げがそのまま売り上げ低下に響いてきた。暮しを少しでもよくする雑誌を手にするよりも、だれもが明日の米を買うのに必死だった。このまま行ったら倒産してしまう。

「どうしたの、なんだか顔色が悪いよ」

顔を上げると、全国から寄せられた郵便為替を現金にしてくれた、興銀の北岡文一だった。

「お金がなくて、どうしようかと困っているんです」

「だって大橋君は、事業が当たって大成功と、みんなの噂だよ」

「それが、その後がむずかしくって」と今にも泣きそうな声を出した。

「じゃ明日興銀にくるといい。同期のみんなと、どこか市中銀行に頼めないか相談しよう」

興銀の隣にある野村證券の地下には、一九三七年入行同期の北岡、周布《すふ》公兼《きみかね》、黒川新がわざわざ集まってくれ、もう小さな声で相談を始めていた。

興銀には中小企業金融課があり、そこなら融資可能かもしれないという。しかもその課長が周布だった。鎮子は急いで必要書類を整え借入申請をした。返事がくるまでの十日あまりが長かった。現金は日に日に目に見えて少なくなっていった。祈った。祈るしかなかった。

連絡があった。二十万円が借りられることになった。

興銀内では重役の反対があったという。

「われわれの退職金を担保にしますから、大橋君に融資してやってください」

三人が何度も頼んでくれたのだ。君たちがそこまで言うのならと、重役は稟議書に判子をついた。今の金で二千万円くらいの価値があった。

ここに柴田錬三郎がいたら、あの子は手品師かとまた言ったことだろう。

これで四号目に、らいてうの「胡麻じるこの作り方」が載せられる。

まず、黒ゴマを強火でパチパチはねさせて手ばしっこく炒り上げます。それを乾いた摺鉢で十分にすります。すっていますとだんだんゴマから油が出てきて、とても堅く、すりこぎが廻りにくくなり、汗が出てくるほど骨が折れますが、そこをがまんして、丹念にすって、すって、すりつづけます。ですからわたくしのようなものには苦が手ですが、奥村は実に持前の熱意と気永さとで、代ってやってくれます。（略）奥村にいわせればオニクスのような光沢《つや》が出るまですらなければ、これの本当の味覚は得られないというのですが、（略）ゴマが実に黒々と照った、ほんとうに例えようもないほど滑らかな泥状のものとなったところで、初めてぬるま湯を、少しずつ入れて、おしるこ程度の濃さに、すりながらのばして行きます。それを鍋に移し、煮立て、砂糖と塩少々で味をつけますが、黒砂糖ならばなお結構です。

らいてうが入籍を果たした今も、肩肘も張らず二度も「奥村」と書いているのが印象的だった。二人が出会ってから三十七年、揺るぎない時がそこにあったことを、この随筆はさりげなく語っていた。

らいてうの書いたままに、安治は胡麻をすりにすった。すりながら、アルキメデスの浮力の原理「液体がもつ質量と同じだけの力が、方向を逆にして、物体を押し上げる」と、「元始、女性は実に太陽であった。真正の人であった」を交互につぶやいた。

やがてねっとりと確かにオニキスのような輝きが現れ出した。安治はようやく練り上がった泥状の固まりを、お湯で静かに溶いていった。鍋にとって煮立てながら、黒砂糖をわずかに加えた。

できあがった胡麻じるこを独り静かに食べた。それはあの大倉山の図書館の食堂で食べた松葉どんぶりのように素朴な味だった。暮しの匂いがした。安らぎの味がした。あの松葉どんぶりの日から、この胡麻じるこの日まで、二十年もの、ずいぶん長い月日がたった。

その滑らかな胡麻じるこの、とろみを舌に感じながら、安治は決心した。時代と並走し、時代とともに変容する中で、自分はとんでもない間違いを犯してしまった。

もう時代と並走するのはやめよう。これからは揺るぎない暮しを作って行くのだ。

小鉢の底の胡麻じるこの残りを安治はすくいとった。

十　花森安治の一戔五厘の旗

「暮しの手帖」創刊から五年目の一九五三（昭和二十八）年の秋に、安治が港区東麻布三―三―四に土地を求め、設計図をひき出した時、鎮子には安治の意図がわからなかった。

安治の設計した建屋は、広い台所と洗濯室をもつ他はなにもなく、内部にはがらんとした空間が広がっていた。換気口をたくさんつけた、愛想のない三角のトタン屋根の二階屋は、どこかの工場にしか見えなかった。その玄関に安治は「暮しの手帖研究室」という看板を掲げた。

やがてそこに大量のソックスが持ちこまれた。ソックスを手分けして履き、手で洗い、干した。広いと思っていた研究室内部が、吊るされたソックスでたちまちいっぱいになった時、ようやく鎮子は安治の意図を知った。

「暮しの手帖」に初めての「商品テスト」ソックスが載ったのは、研究室ができて一年後の二十六号だった。

自分の感覚でないものが自分の雑誌に入りこむのは困ると、創刊以来一切広告を断ってきた。その方針が、「商品テスト」を開始するにあたり、別の有効性をもってきた。

どんな商品を取り上げてテストすることにも遠慮がいらないのだ。すべての制約から自由だった。

最初はマッチ、鉛筆、電気アイロン、安全カミソリ、醤油と生活周りの商品だった「商品テスト」も、日本の高度成長とともに、電気洗濯機、冷蔵庫、食器洗い機、電子レンジと多様化、高度化していった。

安治がめざしたのは、読者に適切な商品選択情報を提供することではなく、企業に暮しの中心にある女性たちの側に立った製品作りを迫る姿勢だった。

戦後の混乱期から高度成長期のモノがあふれる前の日本にあって、消費者ニーズにあった製品作りをすることが、消費者の心をつかめるのだと、企業を育成していったところに安治の新しさがあった。

「商品テスト」は、いつか社会と企業に改革を迫る、反権力の運動体となった。

安治の人と暮しの姿勢に共感するように読者は増えた。

やがて安治は、報道技術研究会から譲り受けたベニヤ板の机から、脚を取り外し折りたたむと、銀座日吉ビルから暮しの手帖研究室に持ちこんだ。そして再び脚を組み直し、その上にベニヤ板の天板を乗せた。そこが安治の砦となった。

安治は東麻布の東京タワーが見える研究室に立てこもるようにして、「商品テスト」を日夜くりかえし、その結果をその机から発信し続けた。

一九六五年、長引くアメリカのベトナム戦争に反対して、作家の小田実を代表とする「ベトナムに平和を！　市民連合」通称「ベ平連」が結成された。草の根の運動は多くの市民の間に共感をもって迎えられた。また一九七〇年に期限が切れる日米安全保障条約の破棄をめざして左派陣営の動きが活発化した。この動きと連鎖するように、全国の大学では授業料値上げ反対、学園民主化を求める全共闘運動が燃え盛っていった。「連帯」が叫ばれ、反戦、反体制運動が盛んになった。

これら組織と安治は決して連携することはなかったが、一九六八（昭和四十三）年九十六号の一冊すべてを「戦争中の暮しの記録」特集号とした。

戦争中の自らの体験を寄せて欲しいと、読者に二号前から原稿を募った。

寄せられた原稿総数は千七百三十六篇にのぼった。初めて筆を執った人がほとんどだった。一般の人が自らの体験を自らの手で書くという困難さと、読者の中に占める戦争体験者比率を考えると、いかに多くの人が安治の呼びかけに応えたかを物語る数字だ。
それだけ安治と読者の関係は濃密なものになり、「花森安治」という思想と連帯する組織に「暮しの手帖」は育っていた。原稿を書けない人の中からも、戦争中に使った道具や衣類、あるいは写真、日記、手帖が寄せられた。
読者の手記に応えるように、安治は巻頭に次のメッセージを綴った。

戦争のあいだ、ただ黙々と歯をくいしばって生きてきた人たちが、なにに苦しみ、なにを食べ、なにを着、どんなふうに暮してきたか、どんなふうに死んでいったか、どんなふうに生きのびてきたか、それについての、具体的なことは、どの時代の、どこの戦争でもほとんど、残されていない。（略）君がなんとおもおうと、これが戦争なのだ。それを君に知ってもらいたくて、この貧しい一冊を、のこしてゆく。

「戦争中の暮しの記録」発刊以降、安治の国へ対する批判ならびに反戦意識は、日を追うに従って強く過激になっていった。

ぼくは、人間を信じている。／ぼくは、人間に絶望しない。人間は、こんなバカげたことを、核爆弾をもってしまった今でさえ、まだつづけるほど、おろかではない。／全世界百三十六の国に、その百三十六の国の国民ひとりひとりに、声のかぎり訴える。／武器を捨てよう。／武器を捨てよう。／武器を捨てよう。（一九六八年九十七号「武器を捨てよう」）

全国に吹き荒れた全共闘運動も、機動隊員八千五百人を投入して占拠学生を排除しようとする一九六九年一月の東大安田講堂事件以来、各地で鎮静化と安保自動延長の動きとなってきた。安田講堂を追われた東大全共闘は二月、三島由紀夫と激論を交わした。三島は「もしここで君らが天皇陛下万歳と叫んだら君らと一緒に行動する」と呼びかけ、学生たちに罵倒された。

東大安田講堂事件に対抗するように、べ平連の若者たちが新宿西口広場で毎週反戦フォーク集会を開いた。回を重ねるごとに群衆が集まり、五月にはついに五千人を超えたのが祭りの最期だった。警察は機動隊員二千人を配し道交法違反で集会を禁止、次々に逮捕者が出て熱気は急速に冷めていった。

一九六九年四月、「暮しの手帖」は百号を迎えた。創刊以来二十一年の月日が流れていた。百号を前にして、取材先の京都のホテルで安治は倒れた。心筋梗塞だった。

そのまま二か月、ホテルの部屋を病室兼編集室にして、そこから百号を世に送り出した。

五十七歳の安治は「編集者の手帖」で三つの幸せをあげた。

第一は、ぼくたちは、たいそう質のよい読者を持ってきた、ということです。(略)その雑誌を育てていこうという気持、その雑誌を支えてやろうという気持、それが読者のほうになければいくら編集者だけがキリキリ舞いしても、決しておもうような雑誌は作れるものではありません。(略)第二は、この百冊の雑誌のどの号の、どの一頁も、筆を曲げることはなかった、ということです。(略)第一号を出したとき、ぼくたちは七人でした。その七人のうち、六人までが、ずっと続けて、この百号まで、編集の第一線で働き続けている、これがぼくたちの幸せの第三です。

雑誌は百号で終わるべきだと考える安治は、百一号を第二世紀一号として、表紙や雑誌レイアウトを大きく変えると同時に、国へ対する姿勢をさらに厳しいものにした。

こんどの戦争で、一戔も返してもらわなかった大ぜいの人たちは、それを忘れてはいない。なにもいわないだけである。いわないのをよいことにして、ふたたび、〈くに〉を守れといい、着々と兵隊をふやし、兵器をふやしている。(一九六九年第二世紀二号「国をまもるということ」)

追い詰められた過激派の一つ、赤軍派によるよど号乗っ取り事件が一九七〇年三月に起こって、世間は初めて行きすぎた全共闘運動を疑問視した。危機感を募らせた三島は、十一月二十五日、二・二六事件を夢見て、市ヶ谷の自衛隊バルコニーで決起を呼びかけたが、失敗、割腹自殺を果たした。安治は二つの事件に応えるように、一九七〇年秋号第二世紀八号に、「見よぼくら一戔五厘の旗」を書いた。

星一つの二等兵のころ　教育掛りの軍曹が　突如として　どなった
貴様らの代りは　一戔五厘でくる
軍馬は　そうはいかんぞ
聞いたとたん　あっ気にとられた

（略）
貴様らの代りは　一戋五厘でくるぞ　と　どなられながら
一戋五厘は戦場をくたくたになって歩いた　へとへとになって眠った
一戋五厘は　死んだ
一戋五厘は　けがをした　片わになった
一戋五厘を　べつの名で言ってみようか
〈庶民〉
ぼくらだ　君らだ
（略）
民主々義の〈民〉は　庶民の民だ
ぼくらの暮しを　なによりも第一にする　ということだ
ぼくらの暮しと　企業の利益とが　ぶつかったら　企業を倒す　ということだ
ぼくらの暮しと　政府の考え方が　ぶつかったら　政府を倒す　ということだ
それが　ほんとうの〈民主々義だ〉
（略）
今度こそ　ぼくらは言う

困まることを　困まるとはっきり言う
葉書だ　七円だ
ぼくらの代りは　一戔五厘のハガキで　くるのだそうだ
よろしい　一戔五厘が今は七円だ
七円のハガキに　困まることをはっきり　書いて出す
何通でも　じぶんの言葉で　はっきり書く
（略）
ぼくらは　ぼくらの旗を立てる
（略）
ぼくらの旗は　こじき旗だ
ぼろ布端布《はぎれ》をつなぎ合せた　暮しの旗だ
ぼくらは　家ごとに　その旗を　物干し台や屋根に立てる
見よ
世界ではじめての　ぼくら庶民の旗だ
ぼくら　こんどは後へひかない

安治は暮しの手帖研究室屋上に、ぼろ布をつなぎ合わせた、こじき旗を竹竿にくくりつけて立て続けた。東京タワーの見える空にそれははためいた。

この時、安治は恐らく安治の生涯で唯一の間違いをした。

「一銭五厘を出す側」でもあったことを隠して、「一戋五厘は／〈庶民〉／　ぼくらだ　君らだ」としたことだ。

花森安治の「一戋五厘の旗」
「暮しの手帖」第2世紀8号より

そんな安治に世間はさまざまな噂話をした。「欲しがりません勝つまでは」「足らぬ足らぬは工夫が足らぬ」の標語を作った。「進め　一億火の玉だ！」をパピリオ文字で描いた。「あの旗を射て」の標語を作り、ユニオンジャックが射ち抜かれ地に落ちる絵を描いていた。そして最後には阿部豊監督映画「あの旗を撃て」のポスターまでが安治が作ったことになった。宣伝技術家、花森安治の実態を語る者はだれもいなかった。また一つの権威となった安治に、切っ先鋭く切り込むジャーナリズムも現れなかった。安治の方にも翼賛会時代のことを聞かせぬような雰囲気があった。安治は一切の反論も否定もしなかった。

戦後続けられた翼賛会宣伝部の集まり「いわい会」にも、報研の集まり「一火会」にも出席することは、一度もなかった。山名文夫・今泉武治・新井静一郎が編んだ一九七六年の『戦争と宣伝技術者』の「報研と私」のページに原稿を求められたが、筆を執ることはなかった。

翼賛会宣伝部時代の一切を、かたくなに封印して、安治は読者九十万人とともに、狸穴《まみあな》の暮しの手帖研究室に立てこもり、編集長として、暮しの旗を振り続けた。

ただ二度だけ、その胸の内を語ったことがある。一つは一九七一年十一月十九日号の「週刊朝日」「花森安治における『一戔五厘』の精神」のインタビューだ。

ボクは、たしかに戦争犯罪をおかした。言訳をさせてもらうなら、当時は何も知らなかった、だまされた。しかしそんなことで免罪されるとは思わない。これからは絶対だまされない、だまされない人たちをふやしていく。その決意と使命感に免じて、過去の罪はせめて執行猶予してもらっている、と思っている。

二度目は、一九七八年一月二日から始まった読売新聞の連続インタビュー「われわれは一体なにをしておるのか、34年目の民主主義」の第十九回、死の六日後一月二十日に掲載された「戦争反対は償い」の中だった。

（前略）知らんとやったとか、だまされてやったとか、ケチなこと、ぼくは言わん。ぼくは、ぼくなりにやね、受けた教育と、それで、とにかく、日本という国を守らんならん、とね。それには、戦争始めた以上は勝たんならん、と。それに一生懸命やったんや、と。いま、それがね、間違いやったということがわかったけども、その時は一生懸命やったんで、それを今さらね、いいかげんにしとったんや、とか、ご都合主義でやっとったとか、ケチなことは言わん、と。ぼくの全生命を燃焼さして戦った、と。協力したと。そいで、それだけにショックが大きい、と。それだけに、ぼくは、これからはね、絶対に戦争の片棒はかつがん、と。それだけが償いや、と。まあ、しっかり、これからのぼくを見とってくれ、と。

一九七二年二月、花森安治著『一戋五厘の旗』が読売文学賞を受賞した。

同じ二月、連合赤軍の五人が管理人の妻を人質に山荘に立てこもる、あさま山荘事件が起きた。続いて三月、彼らが榛名山の山中で総括と称して、仲間同士がリンチで殺し合った遺体十二体が見つかった。血で血を洗う全共闘運動に世間の眼は厳しかった。急速に反戦、反権力意識は覚めていった。デモに参加していた一般学生は長く伸ばした髪を切り、就職すると同時に経済戦争の果敢な戦士に変貌していった。

流行で終わる反戦、反権力を冷ややかに見つめるように、安治は六月十七日の朝日新聞「わが思索わが風土」の五回目の「一本のペン」で、自分と「暮しの手帖」の読者の立場を表明した。

美濃部達吉さんが、大学新聞の社長で、その美濃部さんの天皇機関説が葬り去られた時、ぼくらの大学新聞をふくめて、ペンは、はっきり無力だった。（略）

それだけに、若いころのぼくと、おなじようなことを、いまの若いジャーナリスト諸君が、ちらっちらっとやっている、それを見聞きするのが、つらい。

けっきょく、ペンは剣より強いのだ、とじぶんに言い聞かせるより仕方がないのではないか。

もっとはっきりいうと、この言葉が、そらぞらしいとか、なんとかいって、あごをなでているのではなくて（むかしのぼくが、そうだった）じぶんの、このペンで、剣より強いことを、じっさいに見せる、そのほかに、みちはないのではないか。

（略）

ぼくは編集者である。ぼくには一本のペンがある。ぼくは、デモにも加わらない。

ぼくは坐りこみもしない。

ぼくには、一本のペンがある。


流行で終わる反戦、反権力などないのだと、安治は針の筵《むしろ》に座るようにして、報道技術研究会から譲り受けた机の前で、原稿を書き続けた。

この机に座り続けること。この机から「暮しの手帖」を世に送り出すこと。

それが翼賛会時代を一切封印した安治の、自らに課した償いだった。


ぼくらの暮しを後まわしにして／ぼくらの血のにじむ税金を使って／そんな企業を後押ししてきた政府よ／その政府と　なあなあでやってきた大企業よ／見るがいい　誇らしげに　君たちが作り上げたというその世の中を（一九七三年第二世紀二十五号「二十八年の日日を痛恨する歌」）

そんな安治も新たに政府と権力に対峙しようとする時、いつも恐怖心がつきまとった。書くか書かないか、なかなか決断がつかなかった。

その恐怖を娘の藍生にふともらすことがあった。

心を奮い立たせて安治は報研の机に向かった。

「国鉄・この最大の暴走族」（七五年第二世紀三十七号）「人間の歩く道はもうどこにもないのか」（七六年第二世紀四十号）「ぼくは、もう、投票しない」（七六年第二世紀四十四号）「ものみな悪くなりゆく」（七七年第二世紀四十八号）「かくも早き流れのなかに」（七七年第二世紀五十一号）

そのペンは、その美意識は、確かに翼賛会時代に宣伝技術家として、とことん戦争により鍛えられ、育まれたものだった。

一九七七年十一月の末から体調を崩し入院していた安治は、暮れに退院し、第二世紀五十二号のための表紙の絵を描いた。

十二月二十八日に鎮子を呼んだ。

「ぼくが死んだ時の号のあとがきに、ぼくの遺言を書いて欲しい」

「なにをおっしゃるんですか、嫌なこと言わないでください」

取り合わない鎮子に構わず、安治がしゃべり出した。鎮子はあわててメモをとった。

読者のみなさま、本当にながいこと、暮しの手帖をお愛読下さいまして、ありがとうございます。昭和二十三年創刊したときは一万部でした、あれから三十年、部数が九十万になりました。これは、みなさまが一冊、一冊、買ってくださったからこそです。

広告がないので、ほんとに一冊一冊買っていただかなかったら、とても今日までつづけてこられませんでした。そして私の理想の雑誌もつくれなかったと思います。力いっぱい雑誌を作らせていただき、ほんとうに有難うございました。

一九七八年の年が明けて、安治はつらそうに「人間の手について」を書いた。それは子供の時から鉛筆をナイフで削ってこそ人間の手は育つと、小学校に置かれる鉛筆削り器を批判したものだった。

一月十二日、「人間の手について」を割り付けると一行足りなかった。担当編集者が恐る恐るその旨を告げた。すべてに厳格な安治が「そのままでいい」と言った。

もう気力は残っていなかった。

一月十三日、今日は休むと編集室には出なかった。心配した鎮子と家子が夕方、銀座のすし屋のばら寿司を届けた。二人が玄関で帰ろうとしたら、パジャマ姿の安治が出てきて、ありがとうと手を振った。そんなことは一度もしたことのない安治だった。手を振るなんてと思いながら鎮子は帰った。寿司に少し手をつけ、ももよに「もう寝るからお前も寝なさい」と寝室に消えた。

一月十四日未明、途中で目覚めた安治は寝室から居間にきて、ソファに座った衝撃で倒れた。心筋梗塞だった。六十六歳だった。

朝日新聞はその死を社会面全八段構成で伝えた。その紙面の大きさが、戦後安治が果たした社会的影響力を語っていた。

その見出しは「消費者運動の草分け、花森安治さん逝く」だった。

自らも「女がズボンをはき、男がスカートをはいてなぜ悪い」と、長髪にパーマをかけ、毛ズネにスカートをはいて銀座をかっぽ、服飾界に異彩を放った。

二十三年秋、「暮しの手帖」を創刊。広告は、一切載せない編集方針で生活、服飾を通じて「庶民の旗」を掲げ続けた。即興のセンスと巧みな表現の風俗評論家としても知られ、戦前に「欲シガリマセン勝ツマデハ」「足ラヌ足ラヌハ工夫ガ足ラヌ」などの名スローガンを流行させた。

識者のコメントとして、「在野精神を貫く」というタイトルのもと中野好夫の談話があった。

戦時中の大政翼賛会のスローガン「欲シガリマセン勝ツマデハ」はよく花森君が作ったといわれるが、このにがい体験の反省が戦後の雑誌「暮しの手帖」を舞台にした在野での生活運動となったのだと思う。

葬儀の後、安治の手による最終編集号、「暮しの手帖」第二世紀五十二号が発刊された。

「早春と青春」というタイトルの短い随筆があった。最後を安治はこう結んでいた。

青春は、待たずにいきなりやってきて胸をしめつけ、わびしく、苦しく、さわがしく、気がつけば、もう一気に過ぎ去っていて、遠ざかる年月の長さだけ、悔いと羨やみを残していく。

主のいなくなった編集室には、安治が何度も何度もペンキを塗り替えながら、「暮しの手帖」を編集、発行し続けてきた、大きな机だけが残った。
安治の死から一か月ばかりして、鎮子のもとに手紙が届いた。

花森君があれだけのことができたのは、もちろん花森君が立派だったからには違いありませんが、やはりあなたの協力があったからこそだと思います。こんなことを私が言うのは筋違いであり、おかしなことかも知れませんが、花森君が力いっぱい生きることが出来、あのようにすばらしい業績を残したことについての、あなたのお力に対し、あつく御礼を申し上げます。（略）
花森君がなくなってもう一か月以上すぎてしまいました。私にとっても、とても悲しいことです。田宮虎彦。

河合栄治郎は東大教授退官後、裁判で争ったが一九四三年有罪が確定。一九四四年心労からくる心臓麻痺で、戦後をみることなく五十三歳で急死した。
美濃部達吉は戦後、占領軍は国家の根本規範を改正する権限をもたないとして、新憲法草案決議でも唯一の反対者となった。新憲法施行一年後の一九四八年没した。

平塚らいてうは日本婦人団体連合会の会長、名誉会長として原水爆の製造禁止、全面完全軍縮、安保条約廃棄などを訴え、平和運動を続けた。一九七〇年、「暮しの手帖」第二世紀六号からは若き日々の自伝「青鞜」が毎回十八ページも費やして三回連続掲載された。安治はらいてうの原稿末尾に「平塚らいてうさんは今年八十四歳、ただ今幼少のころから現在に及ぶ自叙伝を執筆中です。これは近日暮しの手帖社から逐次刊行されます」と予告を書いた。しかし、七十一年五月らいてうの八十五歳の死でそれは叶わなかった。

田所太郎は読書新聞より独立し、一九四九年図書新聞を創刊、一貫して書評ジャーナリズムの道を歩んだ。戦後、横浜事件で逮捕された約六十人の元被告人やその家族・支援者らによる再審請求がくりかえされた。田所はこの法廷の傍聴席に何度も通っていたが、経営悪化から一九七五年ガス管をくわえ自死した。裁判は二〇一〇年まで長引き、横浜地裁は戦後六十五年目に、事件が事実上冤罪であったことを認めた。

柴田錬三郎は一九五二年『イエスの裔《すえ》』で第二十六回直木賞を受賞後、創刊されたばかりの「週刊新潮」に『眠狂四郎無頼控』シリーズを連載。シバレンの愛称で人気作家となった。安治と同年の七八年六月に死亡。享年六十一歳だった。

田宮虎彦は『足摺岬』『菊坂』に代表される純文学と、『霧の中』『落城』に代表される歴史小説作家としての道を歩み、一九五七年『愛のかたみ』が大ベストセラーとなった。一九八八年自宅ベランダから飛び降り、自死した。享年七十七歳だった。

戦後再び資生堂に戻った山名文夫は、宣伝文化部制作室長として数多くの女性を描くとともに、資生堂の現在のロゴマークを開発するなど、生涯をイラストレーター、デザイナーとして過ごした。また多摩美術大学教授として多くのデザイナーを育てた。一九八〇年、奇しくも安治の命日、一月十四日に、心不全のため八十三歳で亡くなった。

戸板康二は、四十四歳の時に江戸川乱歩の熱心な勧めにより、『車引殺人事件』で推理作家デビュー。『團十郎切腹事件』で第四十二回直木賞を受賞した。菊池寛賞、日本芸術院賞など数多くの賞を受賞し一九九三年亡くなった。

大橋鎭子は第二世紀一号より連載した「すてきなあなたに」のエッセイにより、一九九四年第十回東京都文化賞を受賞。西新宿に移った暮しの手帖社に、九十歳を超えた今も、社主として元気に通っている。

花森安治の机は今も、中野の暮しの手帖社倉庫にひっそりと眠っている。

中央に鮮やかな赤と青の布地を配し、銘仙、櫺袢、絣、人絹、テーブルクロス、タオル地など素材の違う端切れ十二枚を縫い合わせた、花森安治の一戔五厘の旗は、暮

し の手帖研究室屋上に一年を通して昼夜掲げ続けられた。

その旗は飯倉から狸穴の谷底に吹き下ろす風雨に煽られ、晒された。

旗右上端のタータンチェックのテーブルクロス地はちぎれ飛んでなくなった。

旗中央の青色の布地はすっかり色あせ、その原色の記憶さえなくした。

旗中央の赤地はかろうじてその色の痕跡を残していたが、茶色にしか見えなくなった。

旗左下の銘仙はその縦縞模様をうっすらと残した。

安治が戦前編集した三冊目の雑誌「すまいといふく」の表紙のような、旗右下の井桁絣はなんとかその色を残した。

これ以上掲げたら、擦り切れ、なくなる恐れから、その旗はいつか屋上から降ろされた。

ぼろぼろに擦り切れ、茶色に変色した、煮しめたような花森安治の一戋五厘の旗は、今も暮しの手帖本社玄関一階中央の額に収められ、飾られている。

参考文献

赤木須留喜『近衛新体制と大政翼賛会』（岩波書店　一九八四年）
赤木須留喜『翼賛・翼壮・翼政　続 近衛新体制と大政翼賛会』（岩波書店　一九九〇年）
赤沢史朗・北河賢三・由井正臣『資料日本現代史12』（大月書店　一九八四年）
朝日新聞「新聞と戦争」取材班『新聞と戦争』（朝日新聞出版　二〇〇八年）
新井静一郎『コピーライター　日本の広告を創った〝言葉〟の技術者たち』（誠文堂新光社　一九七九年）
新井静一郎『広告をつくる技術者たち』（美術出版社　一九七七年）
石川桂子『大正ロマン手帖　ノスタルジック＆モダンの世界』（河出書房新社　二〇〇九年）
井出文子『「青鞜」の女たち』（海燕書房　一九七五年）
井出文子『平塚らいてう』（新潮社　一九八七年）
伊藤野枝・大杉栄『乞食の名誉』（復刻版「青鞜」の女たち第二集）（不二出版　一九八五年）
今田謹吾『くらしの工夫』（生活社　一九四二年）
今田謹吾『すまいといふく』（生活社　一九四二年）

今田謹吾『みだしなみとくほん』（生活社　一九四一年）
岩波書店編『岩波書店五十年』（岩波書店　一九六三年）
大岡昇平・丸岡秀子『平塚らいてうと日本の近代』（岩波書店　一九八六年）
扇谷正造『鉛筆ぐらし』（暮しの手帖社　一九五一年）
扇谷正造「反俗漢・花森安治の秘密」（「文藝春秋」一九五七年十月号）
扇谷正造『夕陽のペンマン』（騒人社　一九八九年）
大隈秀夫『青春風土記　旧制高等学校物語Ⅳ』（朝日新聞社　一九七九年）
大橋鎭子『「暮しの手帖」とわたし』（暮しの手帖社　二〇一〇年）
大輪盛登『巷説出版界』（日本エディタースクール出版部　一九七七年）
唐澤平吉『花森安治の編集室』（晶文社　一九九七年）
キネマ旬報　映画データベースhttp://www.kinejun.jp/
『キネマ旬報復刻版』（第一号～第一四六号　雄松堂出版　一九九三年）
「暮しの手帖」（暮しの手帖社　第一世紀一号～第二世紀五十三号　一九四八～一九七八年）
暮しの手帖編『花森安治　常識を非常識に一変させた生活思想』（暮しの手帖社　二〇〇四年）
黒岩比佐子『パンとペン　社会主義者・堺利彦と「売文社」の闘い』（講談社　二〇一〇年）
黒田秀俊『横浜事件』（学藝書林　一九七五年）

香内三郎・定村忠士「日本読書新聞復刻版別冊解説」(不二出版　一九八五年)
講談社社史編纂委員会『講談社の歩んだ五十年（昭和編)』(講談社　一九五九年)
国立療養所史研究会『国立療養所史（結核編)』(厚生省医務局国立療養課　一九七六年)
小林登美枝『陽のかがやき　平塚らいてう・その戦後』(新日本出版社　一九九四年)
小林登美枝『平塚らいてう　愛と反逆の青春』(大月書店　一九七七年)
酒井寛『花森安治の仕事』(朝日新聞社　一九八八年)
佐藤卓己『言論統制　情報官・鈴木庫三と教育の国防国家』(中央公論新社　二〇〇四年)
「サンデー毎日」一九五四年七月二十五日号「女の男装・男の女装　花森安治の思想と生活」(毎日新聞社)
塩澤実信・小田光雄『戦後出版史　昭和の雑誌・作家・編集者』(論創社　二〇一〇年)
柴田錬三郎『柴錬ひとりごと』(中央公論新社　二〇〇三年)
柴田錬三郎『わが青春無頼帖』(中央公論新社　二〇〇五年)
清水勝嘉『日本公衆衛生史（昭和前期編)』(不二出版　一九八九年)
「週刊朝日」一九七一年十一月十九日号「花森安治における『一戋五厘』の精神」(朝日新聞社)
『出版通信・出版同盟新聞復刻版』(新文化通信社　二〇〇一年)
しょうけい館編「戦中・戦後の戦病者　二度の除隊を経て　花森安治のあゆみ」(しょうけ

い館　二〇一三年）
植民地文化学会中国東北淪陥一四年史総編室『「満洲国」とは何だったのか』（小学館　二〇〇八年）
杉浦明平「花森安治の死を惜しむ」（図書新聞　一九七八年一月二十八日号）
杉森久英『大政翼賛会前後』（文藝春秋　一九八八年）
杉森久英「花森安治における青春と戦争」（「中央公論」　一九七八年六月号）
杉山平一『わが敗走』（編集工房ノア　一九八九年）
「宣伝」（日本電報通信社　一九四二年一月号〜一九四五年八月号）
滝川幸辰『刑法読本』（大畑書店　一九三二年）
立花隆『天皇と東大　大日本帝国の生と死』（文藝春秋　二〇〇五年）
田所太郎『戦後出版の系譜』（日本エディタースクール出版部　一九七六年）
田中眞澄『小津安二郎と戦争』（みすず書房　二〇〇五年）
田宮虎彦『足摺岬　田宮虎彦小説集』（暮しの手帖社　一九五二年）
田宮虎彦『絵本』（麥書房　一九六七年）
田宮虎彦『若き心のさすらい　愛のいのち』（日本図書センター　二〇〇〇年）
田宮虎彦「私の履歴書」（日本経済新聞　一九八五年十一月連載）
田宮虎彦・小松益喜『神戸　我が幼き日の』（中外書房　一九五八年）

鶴見俊輔「守り続けた戦後の初心」(朝日新聞　一九七八年一月十八日号)
『帝国大学新聞復刻版』(第一～第十七巻　不二出版　一九八四～八五年)
鉄村大二『婦人の生活』(生活社　一九四〇年)
『東京大学新聞復刻版』(第一巻～第八巻　不二出版　一九八五年)
東京婦人生活研究会編『切《きれ》の工夫』(築地書店　一九四四年)
戸板康二『あの人この人　昭和人物誌』(文藝春秋　一九九三年)
戸板康二『歌舞伎ダイジェスト』(暮しの手帖社　一九五四年)
『図書新聞復刻版第一期第一巻』(不二出版　一九八五年)
殿木圭一「帝国大学新聞の歴史」(帝国大学新聞復刻版別冊)(不二出版　一九八五年)
中見立夫『満洲とは何だったのか』(藤原書店　二〇〇六年)
難波功士『「撃ちてし止まむ」太平洋戦争と広告の技術者たち』(講談社　一九九八年)
西澤泰彦『図説「満洲」都市物語』(河出書房新社　一九九六年)
日本ジャーナリスト会議出版支部編『目でみる出版ジャーナリズム小史』(高文研　一九八五年)
『日本読書新聞縮刷版』(第一巻～第十五巻　不二出版　一九八七年)
野沢隆一「同人が蒔いた善意の種」(東京大学新聞　一九四八年十二月二十七日号)
野沢隆一「波瀾時代の編集の勇気」(東京大学新聞　一九六五年十月十一日号)

野原一夫『言論は日本を動かす9』(講談社　一九八五年)
橋爪紳也『モダニズムのニッポン』(角川書店　二〇〇六年)
橋爪恵『戦陣医学』(文松堂書店　一九四三年)
花森安治「一冊の本」(朝日新聞　一九六二年三月十五日号)
花森安治『一戔五厘の旗』(暮しの手帖社　一九七一年)
花森安治「ガス・ストーブ」(東京大学新聞　一九四八年十二月二十七日号)
花森安治『逆立ちの世の中』(河出書房　一九五四年)
花森安治「政治と宣伝技術」(「宣伝」　一九四二年五月号)
花森安治「僕らにとって8月15日とは何であったか」(毎日グラフ「一億人の昭和史4」一九七五年)
花森安治「本と兵隊」(日本読書新聞　一九四一年九月二十九日号、十月六日号)
花森安治「わが思索わが風土」(朝日新聞　一九七二年六月十七日号)
花森安治「私の卒業論文6」(東京大学学生新聞　一九五三年五月二十一日号)
花森安治「われわれは一体なにをしておるのか」(読売新聞　一九七八年一月二十日号)
半藤一利『昭和史1926—1945』(平凡社　二〇〇九年)
久富達夫追想録編集委員会編『久富達夫』(久富達夫追想録刊行会　一九六九年)
平塚らいてう『元始、女性は太陽であった　平塚らいてう自伝』(大月書店　一九九二年)

平塚らいてう『母子随筆』（桃李書房　一九四八年）
平塚らいてう『円窓より』（東雲堂書店　一九一三年）
平凡社編『昭和・平成史年表』（平凡社　一九九七年）
ベーベル『婦人論』（草間平作訳　岩波書店　一九二九年）
報道技術研究会編『宣伝技術』（生活社　一九四三年）
堀場清子『青鞜の時代　平塚らいてうと新しい女たち』（岩波書店　一九八八年）
松江観光協会編「松江特集」（松江観光協会　二〇一一年）
丸山邦男他『人物昭和史』（筑摩書房　一九八九年）
美濃部達吉『憲法撮要』（有斐閣　二〇〇八年）
美濃部達吉「陸軍省発表の国防論を読む」（「中央公論」一九三四年十一月号）
明治大正昭和新聞研究会『新聞集成昭和編年史』（新聞資料出版　一九九二年）
山川浩二『昭和広告60年史』（講談社　一九八七年）
山口瞳『人生仮免許』（新潮社　一九七八年）
山名文夫『体験的デザイン史』（ダヴィッド社　一九七六年）
山名文夫『山名文夫作品集』（誠文堂新光社　一九八二年）
山名文夫・今泉武治・新井静一郎『戦争と宣伝技術者　報道技術研究会の記録』（ダヴィッド社　一九七八年）

山本藤枝『虹を架けた女たち　平塚らいてうと市川房枝』（集英社　一九九一年）
翼賛運動史刊行会『翼賛国民運動史（シリーズ平和への検証）』（ゆまに書房　一九九八年）
与謝野晶子『激動の中を行く』（アルス　一九一九年）
陸上自衛隊衛生学校修親会『陸軍衛生制度史（昭和篇）』（原書房　一九九〇年）
※この他、朝日新聞、「朝日ジャーナル」「サンデー毎日」「週刊朝日」「中央公論」「話の特集」「婦人公論」「文藝春秋」、読売新聞の花森安治に関する記事ならびに論評を参考にした。なお、引用文は原則として一部の固有名詞を除き、漢字は新字体に、旧仮名遣いは、現代仮名遣いに改めた。

あとがき

わが家では長い間、花森安治と同年生まれの父が「暮しの手帖」をとっていた。私は小学三年生からの読者になる。

花森が「暮しの手帖」九十六号一冊を「戦争中の暮しの記録」として編んで以来、その筆をますます過激にしていった死までの十年間、ほぼリアルタイムで、そのメッセージを読み続けてきた。

大学の入試を機動隊に守られながら受け、よど号ハイジャック事件の日に卒業した私は、あの毎日が政治の季節であり、毎日がお祭りだった全共闘世代にあたる。

反権力、反戦を流行にしかできなかった薄っぺらい世代だ。

「われわれは」と一人称複数形を使うことで、自分の発言に責任を持とうとしない全共闘世代にあって、「ぼくは」と一人称単数形で、その発言の立場を明確にする大人の潔さが、花森からは匂い立っていた。

そんな中で一九七一年に刊行された花森の『一戔五厘の旗』を読んだ。国家や企業に対峙するその筆は、それまで以上に己の立場を鮮明にしていたが、私はかすかな違和感を覚えもした。

東大安田講堂事件、三島由紀夫自決事件、あさま山荘事件、連合赤軍リンチ事件と急速に政治の季節が終息し、風化していく中にあって、その後の花森には流行の反権力、反戦などあるものかと、一人気を吐き、孤立無援の戦いを進める激しさがあった。その変わらぬ姿勢、その変わらぬペンの強さはどこからくるものなのか、気にかけながらも、朝日新聞でその死亡記事を読むまで、私は花森の来歴を知ることなく過ごした。

死亡記事で大政翼賛会宣伝部の文字を読み、手品師の手口にも似た鮮やかさで、長い間みごとだまされた感を強くしたのを、昨日のように覚えている。

慌てて古い週刊誌を探り出し、そのインタビュー記事を読み（一九七一年十一月十九日号「週刊朝日」「花森安治における『一戋五厘』の精神」）、釈然としない想いがさらに残った。

「ボクは、たしかに戦争犯罪をおかした。言訳をさせてもらうなら、当時は何も知らなかった、だまされた」

あの強気の花森が、一番使いたくない言葉であろう「だまされた」という言葉を使っても、封印しようとした、大政翼賛会とはなんだったのだろうか。気になりながらも、やがて疑念は風化した。

そして、今回花森安治伝を著すことになり、まず始めに、何十年振りかで『一戋五厘の旗』を読み返した。本当に何十年振りかで。

そしてようやく、最初に感じたかすかな違和感のありようと、なぜ花森が翼賛会時代を封印せざるをえなかったかの理由がわかった気がした。

そうか花森にしてそうであったか。

手品のからくりが明らかになり、ようやく花森の弱さも知り、ずるさも知った。

ならば、花森が封印した彼の「ぼく」の青春時代を書いてみようと肝が座った。

私は花森を戦争責任者として弾劾する立場にも、大政翼賛会時代を暴く立場にもない。

私は、人は戦争にどう反射する動物なのかを知りたいだけだ。

花森安治という強靭な精神さえ、戦争に反射し、傾斜し、疾走した事実に興味をもつのだ。

過去の戦争で、家族を犠牲にして、死を賭してまで国家に抗った人々は世界中に存在する。それは確かに素晴らしいことだけれど、それをできる人は世界にも数少ない。

いざ戦争が起きてしまえば、多くの人は戦争に協力してしまう。

人間は戦争に反射し、発熱し、疾走する動物なのだ。

そんなことはない、一人ひとりが大地に足を踏みしめ、踏んばればいいと言う人もいるだろう。

しかし、私はできない。

反戦を言い続け、孤立する勇気は、恥ずかしいが私にはとてもない。

私はとても弱い。

あの全共闘という薄っぺらい時代の流行に乗っただけに、それがよくわかる。

私は、花森が宣伝技術家と言った、クリエイティブ・ディレクターという職種に四十年以上携わってきた。

花森は宣伝技術家を「宣伝技術を知っている、政治をする人。政治を知っている、宣伝をする人」と規定したが、私はクリエイティブ・ディレクターとは広告企画の戦略の方向性を構築する責任者であり「経済と広告」「広告と経済」の二つの世界の言語をしゃべる、バイリンガルな存在であると考えている。

企画した戦略で商品が売れなければ、たちどころに下ろされる。競合に勝つも負けるもすべての責任はクリエイティブ・ディレクターにかかっていることを考えると、大政翼賛会時代の広告制作の責任はすべて、宣伝技術家、花森安治にある。

経済がなくなり、戦争という時代がやってきたとき、私は花森と同じように「戦争と広告」「広告と戦争」を語るクリエイティブ・ディレクターに就くだろう。

それが怖いのだ。そんな自分の弱さが。

だからこそ、戦争が起きて欲しくないと願う。

だからこそ戦争を起こしてはならないのだと考える。

昭和を代表する思想家の一人であった花森安治。

かつて宗教以外で百万人に届こうとする支持者を得る、このような社会思想集団はなかった。

多くの全共闘・反体制運動が、その勢いをなくし風化しつつある一九七〇年十月、逆に「暮しの手帖」はその発行部数を九十万部超とし、すべての反体制運動の頂点に立った。

「暮しの手帖」という砦に読者九十万人と共に立て籠《こも》った花森は、過熱し、こう叫ばざるをえなくなっていた。

一戔五厘を　べつの名で言ってみようか
〈庶民〉

ぼくらだ　君らだ
（「暮しの手帖」第二世紀八号「見よぼくら一戋五厘の旗」より。読点筆者）

あの強靭な精神の持ち主、花森安治にして「ぼく」自身を吐露することなく「ぼくら」を語ってしまった。全共闘のリーダーたちが、その個人の想いは別にして「われわれ」はと語ったように。

読者九十万部を誇る戦後の稀有な社会思想集団「暮し教、教祖」となった花森に、その集団はもはや「ぼくは」と一人称単数形を使うことを許しはせず「ぼくら」と一人称複数形を強要したのかもしれない。

しかし「組織は組織の顔をもつ」の格言を私は信じない。「だまされた」という言葉で教祖の過去を封印するのではなく、つくづく花森には「ぼく」の戦争を語って欲しかったと思う。

ぼくがそうだったように、戦争が起こってしまえば、
すべての思想も、すべての愛も投げ捨てて、
人は戦争に加担する動物だ。一生懸命やってしまう動物だ。

戦争はすべてのものを巻き込み、すべてのものを能動的にする。

だからこそ、戦争は起こしてはいけないのだ。

そのために自分たちの暮しの一つひとつを護らないといけないのだ。


いや、昭和の稀有な思想家花森安治からこそ「一銭五厘の側」と「一銭五厘を出す側」を体験した人間として、人は戦争にどう反応し、反射するかを語るべきだったと考える。

そうすれば彼の掲げた「一戔五厘の旗」は、もっともっと人々に説得力をもち「暮しの手帖」読者九十万人だけでなく、多くの人々がその旗を掲げただろう。


このあとがきを花森安治の机で書かせてもらった私は、パソコンを閉じると、机に刻まれたさまざまな傷跡を指で触れていった。

花森のペンの強さとペンの哀しみを思った。

中野を出ると六本木に向かった。

飯倉片町からロシア大使館の横を通り、アメリカンクラブの急坂を降りた。

東麻布の谷底にある狸穴公園から、暮しの手帖研究室跡のマンションを見つめ続けた。

そして目を閉じ、思った。

花森安治が掲げた「一戔五厘の旗」は、どんなに色あせ、どんなにぼろぼろになろうと、なにやらきな臭いにおいがする昨今にこそ、もう一度掲げるべきなのだと。

再び目を開いた。

梅雨の晴れ間の抜けるような青空のなか、ぼろぼろに擦り切れた、煮しめたような茶色の「ぼくの一戔五厘の旗」が、はたはたとはためいていた。

そう、「ぼく」が次の戦争に反射しないためには、どんなに擦り切れ、ただの一片の布地になろうとも、この旗を「ぼく」は掲げ続けなければいけないのだ。


本書を著すにあたり土井藍生、難波達巳、阪東宗文、平野美乃里、宮岸毅各氏には、取材ならびに資料提供の労をいただきました。改めて感謝申し上げます。

馬場マコト

二〇一一年六月

文庫版あとがき

『花森安治の青春』が白水社より発刊されてすぐのことだった。戦後七十年にわたって、漫画家水木しげる氏に代表される「戦傷病者とその家族の労苦を今に伝える」、「しょうけい館」の学芸員木龍克己氏から私に問い合わせがあった。

花森安治が傷痍軍人であったことを、拙著を読むまで知らなかった。ついては傷痍軍人となった経緯などを詳しく調べ、当館資料として充実したいので、関係者を紹介していただけないだろうかというのが、その依頼内容だった。

戦後「暮しの手帖」を発刊編集する過程で、花森は戦前の自分自身をかたくなに秘匿した。本人が秘匿すればするほど大政翼賛会時代の花森の活動には尾ひれがつき、その実像はぼやけた。

多くの「尾ひれ」の根底には「あいつは『暮しの手帖』でリベラルなこと言っているが、昔は大政翼賛会宣伝部員だったのだ」という、いわゆる人の判断基準を右、左にしか振り分けられない杓子定規の「転向批判」があった。発行部数九十万部を誇る思想集団となった「暮しの手帖」編集長が、その過去を秘匿すればするほど、その「尾ひれ」と「転向批判」は激しくなった。

「尾ひれ」の真贋に私は興味がなかった。花森に興味をもったのはただ一点。

かくもかたくなな意志の人「暮し教、教祖」ですら、簡単に戦争に傾斜し、加担した事実だ。

ならば花森の肉体を透過すれば、戦争の実相に迫れるのではと考え著したのが、拙著『花森安治の青春』だった。

大政翼賛会時代の「宣伝技術家」花森の実像は、当時の広告業界誌に花森自身がいくつもの広告論を書き、周辺にいる制作諸氏も花森がなしとげた仕事の意義とやり方を詳しく述べていたので、その実像にかなり迫れたものと確信していた。

問題は東京帝大文学部美学科を卒業後、召集され依蘭で抗日遊撃連軍と戦い、結核を患い、傷痍軍人となって帰国、療養完治により除隊後、大政翼賛会入りするまでの数年の月日が特定できないことだった。幸いに花森のご遺族土井藍生氏の協力により、従軍手帖をお借りすることができ、そこに日時が記されたものは、特定の事実として書き起こすことができた。

翼賛会時代について、戦後一切筆を執ることのなかった花森だが、依蘭における中国戦線体験については、なかなか多弁だった。

自らが編んだ百五十二冊の「暮しの手帖」のなかで、断片的にその軍隊生活の実態を何度も書き綴った。私は図書館の「暮しの手帖」バックナンバーを借り出し、そのエッセイを探しては依蘭到着から日本帰還までを時系列的に並べ替え物語を紡いだ。

しかし不思議なのだ。花森自身がその極寒の地の滞在を一年としたり、二年と記したり判然としない部分が多々見受けられた。また依蘭帰還後の療養先が和歌山となっているが、場所が特定されることはなかった。二〇〇四年、暮しの手帖社から刊行された「花森安治　常識を非常識に一変させた生活思想」の年譜も、二〇〇六年世田谷文学館で行われた「花森安治と『暮しの手帖』展」の詳細な年譜も、入隊から除隊までの月日にそれぞれ一年以上の誤差があり、療養先は和歌山県となっているだけで、その実相は判然としなかった。

白水社版の『花森安治の青春』では、花森が自ら「暮しの手帖」に書いた戦争体験エッセイに「去年あんなに丸裸のようだった日本から連れてきた馬たちも、二年目の冬を迎えて、体中の毛がふさふさになり出した」とあるので、花森の依蘭戦線従事を二年とした。

また和歌山県下の当時の結核療養所を調べたところ、花森が帰国した年に白浜結核療養所が開設されており、その地を入院先とし、療養期間は当時の軍部結核療養規定にそって一年半とするなど、一部は私の推論になった。

傷痍軍人研究機関からの申し出に、戦前の花森の実相に少しでも近づくことができるなら幸いと、私はご遺族の土井藍生氏を紹介した。

結果、厚生労働省より兵籍簿を取り寄せるなど、両氏の手により傷痍軍人花森の研究が進み、二〇一三年三月の「戦中・戦後の戦病者　二度の除隊を経て　花森安治のあゆみ」展としてまとめられた。

それによると、花森の出征は一九三八年一月十日で四月二十日依蘭入り、翌年の二月九日の月例身体検査で胸部の異常が見つかり、四月二日に大阪港に帰還、大阪陸軍病院天王寺分院に入院後、十月和歌山県の深山分院に転院、一九四〇年一月二十日に退院とともに現役免除となった。花森の依蘭戦線従事は実質的に十か月、療養生活は九か月だった。

拙著『花森安治の青春』後に解明された事実とはいえ、「暮しの手帖」創刊の起因となる花森の戦前体験を、より正確な事実として、いつか機会があれば訂正したいと願っていた。

白水社版上梓から四年半後のこの度、潮出版社より文庫版が発刊されることになった。文庫化にあたり、この間に判明した研究部分を、正史として書き改めたことをお断りしたい。

また文庫版装丁にあたっては、花森自画像を土井藍生氏よりお借りすることができた。

改めて、土井藍生氏、木龍克己氏に御礼申し上げます。

また白水社版『花森安治の青春』企画時にお会いさせていただいた大橋鎭子氏、取材協力いただいた「暮しの手帖」二代目編集長、宮岸毅氏がこの四年半の間に鬼籍に入られた。お二人のご冥福を心からお祈り申し上げます。

二〇一六年一月

馬場マコト

解説

後藤正治

「暮しの手帖」編集部よりエッセイの寄稿依頼があり、仕事をさせてもらったことがある。電話とファックスを通したやりとりであったが、編集部の姿勢が伝わってくるところはある。実に丁寧な応対ぶりで、短いエッセイなのに二度、三度とゲラが送られてきた。ふと花森安治の仕事ぶりの一端がいまも伝承されているようにも感じた。

本書は、「暮しの手帖」の創刊者、花森安治の生涯の歩みをたどった評伝である。

世に、生来そのことが好きで、そのことに携わって人生をまっとうする人がいるが、花森がそうだった。彼が情熱を傾けた対象は、執筆、カットや挿画、レイアウトなどを含めた〈編集〉である。

花森は神戸で生まれ育った。少年期から映画に親しみ、港町の開かれた空気に触れて成長した。生誕の地が感性を養ったことにかかわりがあるだろう。

松江高校在学時、校友会雑誌の編集・デザインを一人で引き受け、真四角の判型、真っ白な木炭紙、フランス装、細工をこらした表紙と目次……と、周囲をびっくりさせる美しい雑誌を制作した。

東大の美学に進むが、ここでは帝大新聞の編集部員となり、当時は珍しい二重ケイの中に、あるいはレース刺繍の囲み中に見出しを収め、読まれるための工夫をこらす。編集のセンスと工夫力は生来宿した才であったのだろう。

本書で著者は、花森の往時の仕事を仔細に掘り起こしている。著者は長く、広告界のクリエイティブ・ディレクターをつとめてきた。プロの目をもつ同業者ゆえにできたことなのだろうと思う。

もう一つ、花森には固有の志向があった。高校受験で浪人中、神戸の図書館で平塚らいてう著の『円窓《まるまど》より』を開き、「元始、女性は実に太陽であった」という一文を目にとめる。以降、女性の問題に関心を寄せ、図書館にある婦人問題の本はすべて読みつくしたとある。大学卒業後、花森は帝大新聞の人脈からパピリオ化粧品に籍を置きつつ、「婦人の生活」の編集に携わり、「きもの読本」などのページを制作した。秀でた編集力、婦人問題への関心、身近な生活への視線――。「暮しの手帖」へと至る筋道は、花森の志向と関心のなかにはやくから用意されていたことを知る。

戦後、花森は大橋鎭子《しずこ》という盟友を得て「暮しの手帖」を創刊するが、その前身は敗戦の翌年に刊行された「スタイルブック」だった。
《たとえ一枚の新しい生地が無くても、もっとあなたは美しくなれる
思わず溜息の出るような豪華さ愉しさ美しさ　夏のスタイル一〇〇種
五月下旬発売　定価十二円送料五〇銭
少ししか作れません　前金予約で確保下さい》
花森の書いた広告文である。新聞に小さな広告が載ると、連日、書留郵便が布袋に包まれて配達されてきたとある。モノのない、食べることで精一杯の時代であったが、それ故にまた「(花森) 安治が提案した『スタイル』という言葉は、からからに乾いた若い女性たちの心を強くとらえ、たちまちのうちに浸透していった」。女性たちの生活実感をつかむため、花森はスカートを履いて街を歩いたりもした。
「暮しの手帖」の創刊は一九四八(昭和二十三年)。一万部を刷ったものの七千部しか配本されず、花森たちはリュックに雑誌を詰め、書店に「行商販売」に出向いたとある。
手づくりの制作であり販売であったが、じりじりと読者を得、支持を得ていく。雑誌が支持を得たのは、一切広告を入れず、「商品テスト」を踏まえた上で記事化する独自のスタイルを貫いた故であったろう。

《「商品テスト」は、いつか社会と企業に改革を迫る、反権力の運動体となった》

創刊から二十一年、「暮しの手帖」は百号を数えるが、部数は九十万部に達していた。雑誌は、進行する経済成長――消費社会のなかで、消費者たちが生活のあり様を見詰め、モノを選ぶ座標軸の一つとなっていく。百号記念号で、花森は「三つの幸せ」と書いた。

質のよい読者を得たこと、一切筆を曲げることをしなかったこと、七人でスタートした編集部は、六人までがずっと続け、第一線で働き続けてきたこと、である。雑誌刊行者としていえば〝勝利宣言〟ともいえるものだった。

花森はまた、世の過去への回帰という流れに敏感に反応し、臆することなく政治的発言を行った。一九七〇年秋号の「見よぼくら一戋五厘の旗」ではこう記した。「一戋五厘」とは、かつて一銭五厘の赤紙一枚で応召し、国家に生殺与奪をあずけて戦地に赴いたことを指している。

《ぼくらの暮しを　なによりも第一にする　ということだ
ぼくらの暮しと　企業の利益とが　ぶつかったら　企業を倒す　ということだ
ぼくらの暮しと　政府の考え方が　ぶつかったら　政府を倒す　ということだ
それが　ほんとうの〈民主々義〉だ》

花森は、暮しの手帖研究室の入る建物の屋上に、一戔五厘の旗を模した「こじき旗」を立て、意思表示を続けた。

「この時、安治は恐らく安治の生涯で唯一の間違いをした」――と著者は記している。発言や意思表示が間違いというのではない。花森には「封印」してきた過去がある。自身、ほとんど語ってこなかった領域があった。それとの整合性を問う声が世にあったことである。その封印を解くことが本書の裏側のモチーフとなっている。


花森は戦中世代である。帝大時代、戦雲は厚く垂れ込め、国家主義的な言論統制が進行した。京大滝川事件、天皇機関説をめぐる東大美濃部事件などが起き、学生たちも帝大新聞も言論弾圧に強く反発した。花森もその一人であった。

卒業後、花森は陸軍二等兵として招集され、兵隊いじめの私刑を味わい、満洲で従軍し、やがて肺浸潤に冒され傷病兵となる。著者は花森が銃を取った酷寒の旧満洲にも足を運んでいるが、当地の情景が描写されることによって作品に厚みが加わっている。

療養生活を送った後、花森は雑誌編集に携わるが、帝大新聞の「親分」に請われて大政翼賛会に入り、宣伝物の制作にかかわっていく。日米開戦を耳にすると、巡回車に乗って街頭演説をぶった。日の丸を背に演説する写真も載っている。「贅沢は敵だ」「進め　一億火の玉だ！」「欲しがりません勝つまでは」……など、戦時下に浸透した国家的標語の採用にもかかわっている。

それがなんであれ、「宣伝技術家」の技量が発揮できるということでのめり込んでいったのであろうが、大政翼賛会の文化動員部の副部長にも就いているわけであるから、戦争イデオロギーの推進に関与した一員であったことは紛れもない。

敗戦となり、一転、花森はラディカルな民主主義者となる。ほとんどの日本人がそうだったのであり、花森がとりわけ責めを負うべき人物とは思われないが、花森は表現者であり、そうであるなら過去と現在をつなぐ精神の航跡を明らかにすることは義務であったろうと思う。

戦時中の自身について花森は口を閉ざしたが、「ただ二度だけ、その胸の内を語ったことがある」。一つは「週刊朝日」に載った「花森安治における『一戔五厘』の精神」のインタビューである（一九七一年十一月十九日号）。

《ボクは、たしかに戦争犯罪をおかした。言訳をさせてもらうなら、当時は何も知らなかった、だまされた。しかしそんなことで免罪されるとは思わない。これからは絶対だまされない。だまされない人たちをふやしていく。その決意と使命感に免じて、

過去の罪はせめて執行猶予してもらっている、と思っている》

　本書のあとがきで、著者は「反射」という言葉を幾度か記しているが、本書のキーワードであると思う。

《私は花森を戦争責任者として弾劾する立場にも、大政翼賛会時代を暴く立場にもない。

　私は、人は戦争にどう反射する動物なのかを知りたいだけだ。

　花森安治という強靭な精神さえ、戦争に反射し、傾斜し、疾走した事実に興味をもつのだ。

　過去の戦争で、家族を犠牲にして、死を賭してまで国家に抗った人々は世界中に存在する。それは確かに素晴らしいことだけれど、それをできる人は世界にも数少ない。

　いざ戦争が起きてしまえば、多くの人は戦争に協力してしまう》

　その通りだと評者も思う。

　続いて、著者はこう記している。

《人間は戦争に反射し、発熱し、疾走する動物なのだ。

　そんなことはない、一人ひとりが大地に足を踏みしめ、踏んばればいいと言う人もいるだろう。

しかし、私はできない。

反戦を言い続け、孤立する勇気は、恥ずかしいが私にはとてもない。

私はとても弱い》

さらに続けて、こうも記している。

《経済がなくなり、戦争という時代がやってきたとき、私は花森と同じように「戦争と広告」「広告と戦争」を語るクリエイティブ・ディレクターに就くだろう。

それが怖いのだ。そんな自分の弱さが。

だからこそ、戦争が起きてほしくないと願う。

だからこそ戦争を起こしてはならないのだと考える》

本書のモチーフと執筆の動機が余すところなく語られている。自身の〝弱さ〟を押し出して語れる人は、しなやかな心をもつ強い人でもある。新たな戦雲がたなびきはじめたいま、広く読まれてほしい作品と思う。

（ごとう・まさはる　ノンフィクション作家）

本書は二〇一一年九月に白水社より刊行された作品を大幅に加筆・修正し文庫化したものです。

また本書中は敬称を略しております。

なお、現代的な感覚では不適切と感じられる表現を使用している箇所がありますが、時代背景を尊重し、本文中に用いていることをご了承ください。

花森安治の青春

潮文庫　は－1

2016年　4月20日　初版発行
2016年　4月28日　2刷発行

著　　者　馬場マコト
発 行 者　南　晋三
発 行 所　株式会社潮出版社
〒102-8110
東京都千代田区一番町6　一番町SQUARE
電　　話　03-3230-0781（編集）
03-3230-0741（営業）
振替口座　00150-5-61090
印刷・製本　大日本印刷株式会社
デザイン　多田和博

ISBN978-4-267-02048-3 C0195